高等职业院校"双高院校"建设和技能人才培养质量提升工程项目
现代服务与旅游类精品课程配套丛书

直播电商

智媒体版

主　编　陈礼红　董伟啟
副主编　王细决　黄　丽

西南交通大学出版社
·成　都·

图书在版编目（CIP）数据

直播电商：智媒体版 / 陈礼红，董伟啟主编.
成都：西南交通大学出版社，2024.10. -- ISBN 978-7-5774-0136-2

Ⅰ. F713.365.2

中国国家版本馆 CIP 数据核字第 202404MF34 号

Zhibo Dianshang (Zhimeiti Ban)
直播电商（智媒体版）

主　编／陈礼红　董伟啟	策划编辑／李晓辉
	责任编辑／罗小红
	责任校对／左凌涛
	封面设计／成都三三九广告有限公司

西南交通大学出版社出版发行
（四川省成都市金牛区二环路北一段 111 号西南交通大学创新大厦 21 楼　610031）
营销部电话：028-87600564　　028-87600533
网址：http://www.xnjdcbs.com
印刷：成都勤德印务有限公司

成品尺寸　185 mm×260 mm
印张　9.25　　字数　207 千
版次　2024 年 10 月第 1 版　　印次　2024 年 10 月第 1 次

书号　ISBN 978-7-5774-0136-2
定价　35.00 元

课件咨询电话：028-81435775
图书如有印装质量问题　本社负责退换
版权所有　盗版必究　举报电话：028-87600562

PREFACE 前言

直播电商是电商领域出现的新场景、新业态,是数字化时代背景下直播与电商双向融合的产物。它实现了电商内容多维度的升级,丰富了电商运营中的"人""货""场"等要素,缩短了商品交易的流通环节,节约了信息沟通成本,为用户带来了优质的购物体验。

当前,直播电商已成为全民级爆发热点。截至2023年6月,直播电商用户规模达到5.3亿人,在网络购物用户规模中的占比达到59.5%,直播电商已成为网络购物用户购买商品的重要途径之一。未来伴随直播电商用户规模的持续扩张,直播电商行业流量池将进一步扩容。直播电商已经从一种消费模式演变为一个时代标志,淘宝、抖音、快手、拼多多、小红书、微信、微博等平台纷纷开通了直播功能,加入直播电商这一热门领域。

距2016年淘宝直播的上线,我国的直播电商已经走过了7个年头。从当初的静默无声迎来现在的全面繁荣,直播电商俨然已成为一个新风口,越来越多的企业、品牌、创业者纷纷投身直播电商领域,期望创造新的销售奇迹。但是,要想做好直播电商从来不是一件简单的事,需要讲究策略和技巧。

本书立足于当前直播电商行业的发展现状与趋势,系统全面地讲解了直播电商生态链和直播电商运营的思路,重点剖析货架式电商淘宝直播与内容电商抖音直播的特征与差异,按照直播全流程,分别以非遗文化产品、农特品与文旅产品为例,对淘宝和抖音平台的直播权限开通与人设打造、选品、引流、直播脚本、直播话术、气氛维护、粉丝运维、直播复盘、二次传播等环节进行了深入解析,帮助读者全面掌握货架式电商与内容电商直播平台的运营方法,提升直播电商运营能力。

尽管我们在编写过程中力求完善、准确,书中仍难免有疏漏与不足之处,敬请广大读者批评指正。

编 者
2024年5月

二维码目录

序号	二维码名称	资源类型	书籍页码
1	直播电商的特点与模式	视频	3
2	产地直播示例	图片	7
3	直播的基本步骤	视频	8
4	直播片段短视频	图片	11
5	供应链方	视频	13
6	平台渠道方	视频	15
7	直播电商的发展历程	视频	18
8	直播电商发展的驱动力	视频	20
9	直播电商相关政策	视频	27
10	直播运营团队的人员配置	视频	32
11	直播设备的配置	视频	49
12	绿幕场景示意	图片	50
13	直播场地的布置	视频	51
14	直播脚本的策划	视频	55
15	直播营销话术的策划	视频	61
16	明确细分领域	视频	63
17	挖掘自身特色	视频	64
18	打造良好形象	视频	64
19	打造个人IP	视频	65
20	账号装修	视频	66
21	淘宝直播的特点	视频	72
22	淘宝直播的类型	视频	73
23	商品品类要符合用户画像	视频	81
24	商品选择符合市场热点需求	视频	81
25	冷启动拉新	视频	84

序号	二维码名称	资源类型	书籍页码
26	直播封面图、标题、标签设置	视频	85
27	超级直播推广的资源位示例	图片	90
28	直播商品讲解	视频	93
29	展示技艺和实物	图片	95
30	有效提升粉丝黏性的策略	视频	101
31	抖音直播流量分配规则	视频	107
32	直播商品组品与定价策略	视频	116
33	短视频引流	视频	121
34	平台内付费推广	视频	123
35	直播商品的讲解技巧	视频	127
36	直播互动	视频	130
37	提升粉丝转化与黏性	视频	132
38	直播售后管理	视频	134

CONTENTS | 目 录

项目一　认识直播电商 ·· 001
　　任务一　直播电商基础认知 ··· 002
　　任务二　直播电商产业链 ·· 012
　　任务三　直播电商发展历程与趋势 ································ 018
　　任务四　直播电商相关法律法规与政策监管 ··················· 025

项目二　直播技能入门 ·· 031
　　任务一　直播团队的组建 ·· 032
　　任务二　直播间的搭建 ··· 049
　　任务三　直播流程策划 ··· 054
　　任务四　主播人设打造 ··· 063

项目三　传统电商平台直播推广分析——以淘宝非遗文化产品为例 ······ 071
　　任务一　传统电商平台认知——以淘宝直播为例 ············· 072
　　任务二　直播选品——以非遗文化产品为例 ··················· 081
　　任务三　直播引流——以非遗文化产品为例 ··················· 084
　　任务四　直播商品上架与讲解——以非遗文化产品为例 ···· 090
　　任务五　直播气氛维护——以非遗文化产品为例 ············· 096
　　任务六　直播粉丝运营与后期维护 ································ 100

项目四　新兴电商平台直播推广分析——以抖音农特品与文旅产品为例 ······ 105
　　任务一　以抖音为例的平台认知 ··································· 106
　　任务二　直播选品——以农特品与文旅产品为例 ············· 110
　　任务三　直播引流——以农特品与文旅产品为例 ············· 120
　　任务四　直播产品上架及讲解——以农特品与文旅产品直播为例 ··· 125
　　任务五　直播气氛维护——以农特品与文旅产品为例 ······· 130
　　任务六　直播粉丝运营与后期维护 ································ 131

参考文献 ··· 140

项目一 认识直播电商

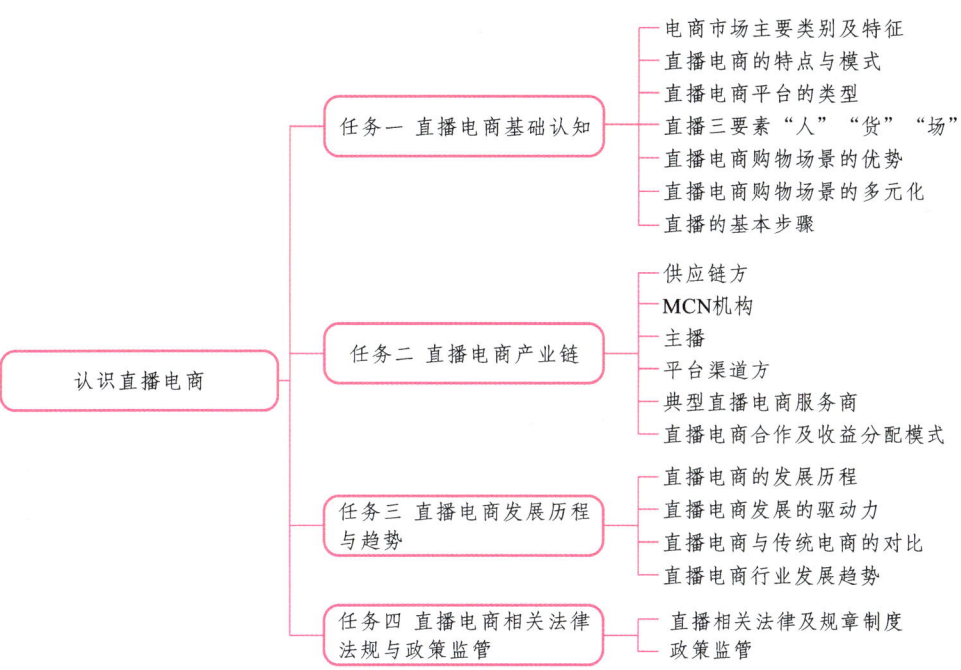

📚 素养目标

- 建立对直播行业的敏感感知，培养用户思维
- 培养正确的价值观和审美观，有道德准则和底线思维
- 遵守行业法律法规，诚实守信

📚 学习目标

- 了解中国电商市场主要类别及特征
- 了解直播电商的特点、模式、类型以及与传统电商的区别
- 了解直播电商产业链的构成和运作流程
- 了解直播电商的合作模式及收益分配模式
- 了解直播电商的发展历程、发展趋势、相关法律法规
- 掌握策划直播电商的基本步骤

2016年淘宝直播上线掀起了行业发展浪潮，历经五年迅猛发展后，目前已步入平稳增长阶段。以直播为表现形式的内容营销全面爆发，直播与电商实现完美融合，产生了直播电商这一商业模式。随着平台端对直播的持续加码、用户直播购物习惯的逐渐养成，直播电商产业链的日渐成熟与完善，再加上 5G 技术的进一步普及和运用，直播电商将持续呈现爆发式的成长状态。2023 年中国直播电商市场规模达到 4.9 万亿元，同比增速为 35.2%，尽管行业增速相较于行业发展早期出现一定下滑，但从 2023 年的市场表现看，行业依旧在释放增长信号。

任务一　直播电商基础认知

直播电商也称电子商务直播，是电商领域出现的新场景、新业态，是数字化时代背景下直播与电商双向融合的产物，实现了电商内容多维度的升级，丰富了电商运营中的"人""货""场"等要素。

一、电商市场主要类别及特征

1. 传统电商平台

平台基因：主要基于货架式电商生态形成，在用户规模、供货商培育、供应链成本控制等方面具有先发优势。

发展方向：立足消费决策链下游，向消费决策链上游的电商购物模式渗透，如大力发展直播电商。

行业地位：行业先行者，头部电商平台多归属于该类型平台。

发展速度：用户规模、市场 GMV（Gross Merchandise Volume，商品交易总额）增长整体见顶放缓。

获客模式：用户在购物过程中多以主动搜索购买为主。

2. 新兴电商平台

平台基因：主要基于内容生态形成，具有独特的后发竞争优势。

发展方向：立足消费决策链的上游，向消费决策链下游的电商购物模式渗透，如建立货架式购物平台。

行业地位：行业新入局者，整体上处于挑战者位置。

发展速度：用户模式、市场 GMV 增长整体处于快速发展阶段。

获客模式：注重主动"种草"，培养消费者心智和引导需求。

3. 不同类型电商平台介入消费链条环节不同

新兴电商从消费决策早期介入，转化消费的时间长；而传统电商从消费决策中期介入，转化消费时间短。

二、直播电商的特点与模式

直播电商是指主播借助直播的形式推荐并销售商品的经营活动。直播电商以电商为基础，借助主播吸引流量，并实现订单转化。直播电商不仅能让商家更好、更快地实现商品交易，还能让商家通过构建价值认同感来实现品牌传播。

直播电商的本质是电商消费场景的升级。在当前物质极为丰富的背景下，在消费过程中，用户不再只是关注商品的价格、功能，也越来越注重在整个过程中所获得的精神体验。直播电商构建了"直播+电商"的消费场景，主播不仅能为用户推荐各类物美价廉的商品，还能向用户分享与商品相关的有价值的知识，电商消费场景也因此变得更加丰富、生动，能更好地满足用户的需求。

（一）直播电商的特点

直播为电商提供了新的发展动能，作为"直播+电商"相融合的产物，直播电商具有以下三个特点。

1. 互动性强

直播电商的消费场景具有良好的互动性。在直播中，主播在向用户介绍商品信息时，也能试用商品，让用户直观地感受到商品的使用效果，大大提高了用户的购物体验。同时，用户也可以针对商品信息进行发言互动，参与到直播中。这样不仅能增强用户的参与感，还能提升用户对商品和品牌的信任感，有利于促使用户做出购买决策。

2. 强 IP 化

主播具有很强的 IP 属性，在用户心智中有着独特的标签。对于用户来说，主播不仅仅是一个向他们推荐商品的人，更是他们的情感寄托，是他们心中值得信赖的人设形象，因而用户愿意购买主播推荐的商品。

3. 去中心化

在直播电商生态链中，主播数量众多且类型多样，很多主播不仅在电商平台拥有公域流量，还在其他媒体平台拥有自己的私域流量。与传统电商相比，直播电商具有较强的去中心化的特点，也为更多的主播提供了运营个人 IP 的可能性。

（二）直播电商的模式

按照主播主体的不同，直播电商分为"达人"直播和商家自播两种模式。

"达人"直播是由"达人"主播汇聚各类商品来进行直播。粉丝对"达人"主播有较高的信任度，"达人"主播凭借自身积累的庞大粉丝群和较强的内容生产能力来实现流量的转化，直播中所销售的商品品牌较为多样。"达人"直播一般没有商品库存，比较适合没有直接货源的主播。由于"达人"直播销售的不是自己的货源，主播只需和商家做好对接，即可在直播间内直播商品。与商家自播相比，"达人"直播间内商品上新的速度较快。但是，"达人"直播在运营商品上处于被动地位，直播的商品比较受限于商家为其提供的款式。从用户的角度来看，"达人"直播侧重情感驱动，如果用户喜欢这个"达人"，就容易被"达人"激发出消费欲望。此外，"达人"直播强调用户对主播人格的认同。

商家自播是商家组建直播运营团队，并注册直播账号，将用户沉淀至品牌自己的直播账号。商家自播的主播多是商家的导购人员或领导等自有员工。用户多是品牌的粉丝，他们对品牌有一定的忠诚度，比较关注品牌的动态。商家依托自身的品牌效应，实现私域流量的转化。在商家自播中，商家可以选择不同的人来做直播，并不要求主播一定是固定的某个人，所以商家自播一般时间都很长。"达人"直播与商家自播两种模式的对比见表 1-1。

表 1-1 "达人"直播与商家自播的对比

对比项目	"达人"直播	商家自播
直播特性	人格化	品牌化
直播时长	单人直播，直播时间有限	可多人 24 小时在线直播
流量支持	需要从零积累粉丝	可借助自身私域流量的支持
商品更新速度	商品更新较快	商品更新较慢
直播商品展示	直播商品展示内容紧凑，内容表现形式多样，商品转化率较高	流水账式地展示商品，商品转化率一般
主播直播心态	创业心态	工作心态
电商运营能力	很多主播缺乏电商运营经验	具有较强的电商运营能力

三、直播电商平台的类型

在直播电商生态中，直播电商平台主要分为四类：传统电商平台、娱乐内容平台、导购社区平台、社交平台，这四类平台在直播电商领域具有不同的表现。

1. 传统电商平台

传统电商平台是指具备直播功能的第三方电商平台，如淘宝网、京东商城、拼多多等。这类平台借助直播吸引流量，从而获得更多的用户，并提高用户对平台的黏性。从直播电商的角度来看，传统电商平台特点有：将直播作为吸引流量、提高转化率的工具；直播类型多以商家自播为主；商品特征种类丰富，供应链相对完善；用户特征以购物消费为主；商品在电商平台实现成交，商品转化率较高；典型的平台有淘宝/天猫、京东商城、拼多多。

2. 娱乐内容平台

娱乐内容平台是指为用户提供娱乐内容的平台，如抖音、快手等。此类平台具有流量优势，通过直播来销售商品是此类平台实现流量变现的重要方式之一。

3. 导购社区平台

导购社区平台是指以商品导购为主要内容的平台，如小红书、蘑菇街等。在导购社区平台上，购物"达人"向用户分享好用的商品，进行"种草"，然后用户购买商品，实现"拔草"，购物"达人"与用户之间具有良好的互动关系，在此基础上，购物"达人"借助互动性强的直播可以加深与用户之间的互动，巩固电商业务。

4. 社交平台

社交平台是互联网上基于用户关系的内容生产与交换平台，是人们用来沟通感情、分享意见、见解、经验和观点的工具。在直播火爆发展的形势下，微信、微博等社交平台也上线了直播功能，丰富了平台中的内容表现形式。

四、直播三要素"人""货""场"

直播电商的核心仍是电商，离不开"人""货""场"三要素的结合，但是直播电商在"人""货""场"的关系上有了升级，提升了用户的购物体验。

1. 人

直播电商中新增加了主播的角色，而主播成为连接商品与用户的桥梁。主播凭借独特的个人魅力吸引粉丝，积累私域流量，然后结合专业的销售能力，将积累的粉丝转变为具有购买力的消费者，从而实现流量变现。主播的主要类型分为专业电商主播、"达人"、商家员工、名人、企业家、专家、主持人、素人等类型。

2. 货

随着直播电商的迅猛发展，"货"的地位不断提升。一些头部主播出现的"翻车"情况都跟"货"有着直接关系。直播选品团队不仅要懂商品，会看价格、数据，还要考虑商品售后保障，懂商品供应链，懂生产流程和供应规则。

直播电商涉及的商品品类不断丰富，涵盖生鲜、快速消费品、美妆、服饰、汽车、珠宝、3C 商品（Computer/Communication/Consumer，计算机类、通信类、消费类电子产品）、房产等多个品类，其中复购率高、客单价低、利润率高的品类在直播电商中更为受益。

从经济效益的角度来看，美妆和服饰具有利润率高、客单价高、成交量高的特点，所以这两个品类成为直播电商中的强势品类。

从专业化程度的角度来看，在快速消费品品类中，由于不同品牌的商品差异较小，用户购买此类商品更多是受品牌效应的驱动。此外，这类商品的专业化程度较低，不需要主播对商品进行专业化的讲解，所以快速消费品也成为直播电商的热门品类之一。

3C 商品、汽车、珠宝等专业性较强的商品品类，对主播的专业化程度要求较高，主播需要与用户进行专业化的双向交流，才能推动用户更快地做出购买决策。在直播中销售这些品类的商品，主播对商品认识得越深刻，对商品的介绍越专业，越容易促成用户的购买。

3. 场

"场"是指购物场景，直播电商升级了购物场景。购物场景由直播平台、直播间组成，用户在直播间即可完成商品的选择和下单购买，在很大程度上提升了用户的购物体验。

五、直播电商购物场景的优势

直播电商购物场景具有传统电商购买方便、比价方便的特点，又具备线下购物体验感强、用户能与商品销售者进行实时互动的特点，是对购物场景的进一步升级。具体来说，直播电商购物场景具有以下三个优势。

1. 节约用户出行成本

用户可以随时随地观看直播，边看边买，足不出户就可以买到自己心仪的商品，从而节约了出行购物的成本。通过直播购物，用户不仅能获得主播陪伴购物的体验感，还能通过直播获得娱乐体验。

2. 良好的体验感

在直播间中，通过主播对商品的详细介绍，并现场展示商品的使用效果，用户可以更加直观地了解商品。此外，用户还可以与主播进行实时的信息交流与互动，根据自己的需求有针对性地了解商品的信息。

3. 价格优势

在很多直播间中，商品销售采取的是用户直连制造商（Customer to Manufacturer，C2M）模式、主播直接对接品牌商/工厂的模式，这就减少了商品的流通环节，省去了商品在流通环节中产生的溢价，从而让商品获得了较强的价格优势。

六、直播电商直播场景的多元化

为了抓住直播电商的红利，各平台不断降低用户开通直播的门槛，再加上各类政策的支持，以及直播电商生态链的日渐完善和成熟，越来越多的商家开始在更多的时间段和更多的场景下展示商品，直播电商的直播场景越来越丰富、多元。

1. 实景直播

实景直播是指商家或"达人"主播选择合适的场地，并搭建直播间进行直播，如图1-1所示。商家或"达人"主播可以根据自身品牌调性、主播人设或直播商品的调性来设计直播间的风格。

图 1-1　实景直播示例

2. 产地直播

产地直播是指主播在商品的原产地、生产车间、种植基地等场地进行直播，向用户展示商品真实的生产环境、生产过程、生长环境，能让用户直面商品的产地，增强用户对商品的信任感，从而吸引用户购买。产地直播比较适合食品、农产品、生鲜类商品的直播。

产地直播示例

3. 绿幕直播

绿幕直播又叫抠像直播或虚拟直播，可以解决无法更换的直播环境和场景，可随意变换景象，如图 1-2 所示。绿幕技术经过了不断升级，由开始的设备要求高、操作复杂，变得简单、人人可以操作。

图 1-2 绿幕直播示例

七、直播的基本步骤

直播的基本步骤

在开展直播之前，直播运营团队需要对直播的整体流程进行规划和设计，以保障直播能够顺畅进行，确保直播的有效性。

1. 明确直播目标

对于商家来说，直播是一种营销手段，所以它不能只是简单的才艺表演或话题分享，而应该围绕商家的营销目标来展开。在直播之前，商家要明确直播目标，确认直播是为了做品牌宣传，进行活动造势，还是为了销售商品。

在明确直播目标时商家需要遵守 SMART 原则，尽量让目标科学化、明确化、规范化。SMART 原则的具体内容如下。

① 具体性（Specific）。具体性是指要用具体的语言清楚地说明直播要达成的目标。直播的目标要切中特定的指标，不能笼统、不清晰。例如，"借助此次直播提高品牌影响力"就不是一个具体的目标，而"借助此次直播提高品牌官方微博账号的粉丝数量"就是一个具体的目标。

② 可衡量性（Measurable）。可衡量性是指直播目标能够被数量化或行为化，应该有一组明确的数据作为衡量目标是否达成的标准。例如，"利用此次直播提高店铺的日销售额"就不是一个可衡量的目标，而"利用此次直播让店铺的日销售额达到50万元"就是一个可衡量的目标。

③ 可实现性（Attainable）。可实现性是指目标要客观，通过付出努力是可以实现的。例如，商家开展的上一场直播吸引了10万人观看，于是商家将此次直播的观看人数设定为200万，显然这个目标有些不切实际，难以实现，而将观看人数设定为12万或15万则有可能实现。

④ 相关性（Relevant）。相关性是指直播的目标要与商家设定的其他营销目标相关。例如，很多商家会在电商平台运营网店，商家将某次直播的目标设定为"网店24小时内的订单转化率提升80%"，这个目标是符合相关性要求的；而如果商家将某次直播的目标设定为"将商品的生产合格率由91%提升至96%"，则这个目标是不符合相关性要求的，因为直播无法帮助商品生产方提升合格率。

⑤ 时限性（Time-bound）。时限性是指目标的达成要有时间限制，这样的目标才有督促作用，才能避免目标的实现被拖延。例如，"借助直播让新品销量突破10万件"这个目标是缺乏时限性的，而"直播结束后24小时内新品销量突破10万件"这个目标则是符合时限性要求的。

2. 做好直播宣传规划

为了收到良好的直播效果，在直播活动开始之前，直播运营团队需要对直播活动进行宣传。与泛娱乐类直播不同，带有营销性质的电商直播追求的并不是简单的"在线观看人数"，而是"在线目标用户观看人数"。具体来说，直播运营团队设计直播宣传规划时，可以从以下三个方面来入手。

① 选择合适的宣传平台。不同的用户喜欢在不同的媒体平台上浏览信息，直播运营团队需要分析目标用户群体的上网行为习惯，选择在目标用户群体经常出现或活跃的平台发布直播宣传信息，为直播尽可能多地吸引目标用户。

② 选择合适的宣传形式。选择合适的宣传形式是指直播运营团队要选择符合宣传媒体平台特性的信息展现方式来推送宣传信息。例如，在微博平台上，直播运营团队可以采用"文字+图片"的形式或"文字+短视频"的形式来宣传直播活动；在微信群、微信朋友圈、微信公众号中，直播运营团队可以通过九宫格图、创意信息长图来宣传直播活动；在抖音、快手等平台上，直播运营团队可以通过短视频来宣传直播活动。

③ 选择合适的宣传频率。在新媒体时代，用户在浏览信息时自主选择的余地较大，用户可以根据自己的喜好来选择自己需要的信息。因此，如果直播运营团队过于频繁地向用户发送直播活动宣传信息，很可能会引起他们的反感，导致用户屏蔽相关信息。为了避免这种情况的出现，直播运营团队可以在用户能够承受的最大宣传频率的基础上设计多轮宣传。

3. 筹备直播

为了确保直播的顺利进行，在开始直播之前直播运营团队需要做好各项筹备工作，包括选择直播场地、筹备并调试直播设备、准备直播物料，以及主播自身准备等。

① 选择直播场地。直播的场地分为室外场地和室内场地。常见的室外场地有公园、商场、广场、景区、游乐场、商品生产基地等，常见的室内场地有店铺、办公室、咖啡馆、发布会场地等。直播运营团队要根据直播活动的需要选择合适的直播场地，选定场地后要对场地进行适当的布置，为直播活动创造良好的直播环境。

② 筹备并调试直播设备。在直播筹备阶段，直播运营团队要将直播使用到的手机、摄像头、灯光、网络等直播设备调试好，防止设备发生故障，影响直播活动的顺利进行。

③ 准备直播物料。直播之前，直播运营团队应该根据实际需要准备直播物料。直播物料包括商品样品、直播中需要用到的素材及辅助工具等。直播中需要用到的素材包括直播封面图、直播标题、直播间贴片、直播脚本等，辅助工具包括线下商品照片、做实验要用到的工具、道具板、手机、平板电脑、电子大屏、计算器等。

④ 主播自身准备。在开播前，主播需要熟悉直播流程和上播商品的详细信息，这样主播才能在直播中为用户详细地讲解商品，回答用户提出的各种问题。此外，主播还要调整好自身状态，以积极的态度和饱满的热情来迎接直播间的用户。

4. 执行直播活动

做好直播前的一系列筹备工作后，接下来就是正式执行直播活动。直播活动的执行可以进一步拆解为直播开场、直播过程和直播收尾三个环节，各个环节的操作要点如图1-3所示。

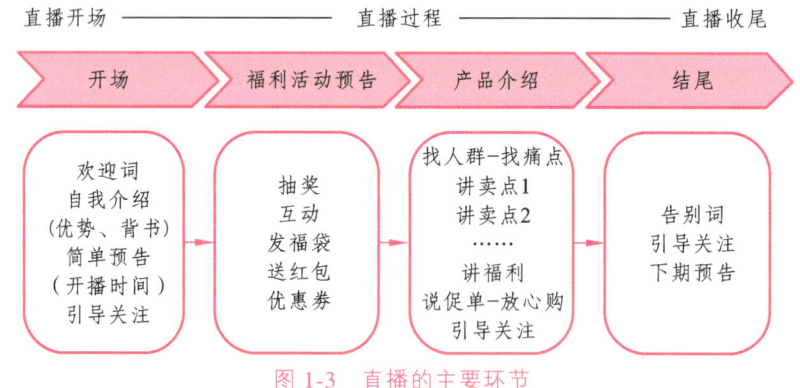

图1-3 直播的主要环节

5. 直播活动二次传播

直播结束并不意味着整个直播工作的结束。在直播结束后，直播运营团队可以将直播活动的视频进行二次加工，并在抖音、快手、微信、微博等平台上进行二次传播，最大限度地放大直播效果。为了保证直播活动二次传播的有效性和目的性，直播运营团队可以从以下三个步骤来制订直播活动二次传播计划。

（1）明确目标。

制订直播活动二次传播计划，首先要明确实施传播计划的目标，如提高品牌知名度、提高品牌美誉度、提高商品销量等。需要注意的是，直播活动二次传播计划要实现的目标并非孤立的，而应当与商家制定的整体市场营销目标相匹配。

（2）选择传播形式。

明确传播目标以后，直播运营团队要选择合适的传播形式将直播活动的二次传播信息发布到网上。目前常见的传播形式有直播视频传播、直播软文传播两种，直播运营团队可以选择其中一种传播形式，也可以将两种传播形式组合起来使用。

① 直播视频传播。

直播活动二次传播视频的制作包括录制直播画面、直播画面浓缩摘要和直播片段截取三种方式。

录制直播画面。直播运营团队可以将直播画面全程录制下来，也就是说，直播运营团队一边做实时画面的直播，一边录制，这样视频直播完成后，就可以用录制的文件来制作直播回放视频，错过实时观看直播的用户可以通过观看直播回放视频来获取直播内容。直播运营团队在制作直播回放视频时，可以为其添加上片头、片尾、名称、主要参与人员等信息，并为其设置统一的封面图，以增强直播回放视频的吸引力。

直播画面浓缩摘要。直播画面浓缩摘要的制作逻辑与电视新闻的制作逻辑基本相同，即直播运营团队将直播画面录制下来后，删除那些没有价值的画面，选取关键的直播画面制作成视频，并为视频画面添加旁白或解说。

直播片段截取。直播运营团队也可以从直播中截取有趣、温暖、有意义的片段，将其制作成视频发布到网上。

直播片段短视频

② 直播软文传播。

直播软文传播就是将直播活动的细节撰写成软文并发布在相关媒体平台上，用图文描述的形式向用户分享直播内容。直播运营团队撰写直播软文时，可以从分享行业资讯、观点提炼、分享主播经历、分享体验和分享直播心得等角度切入。

（3）选择合适的媒体平台。

确定了传播形式以后，直播运营团队要将制作好的信息发布到合适的媒体平台上。如果是视频形式的信息，可以选择发布到抖音、快手、秒拍、视频号、腾讯、爱奇艺、微博等平台上。如果是软文形式的信息，可以选择发布到微信公众号、知乎、头条等平台上。

6. 直播复盘总结

直播复盘就是直播运营团队在直播结束后对本次直播进行回顾，评判直播效果，总结直播经验教训，为后续的直播提供参考。

直播复盘总结包括直播数据分析和直播经验总结两个部分。直播数据分析主要是利用直播中形成的客观数据对直播进行复盘，体现的是直播的客观效果。例如，分析直播间累积观看人数、累积订单量和成交额、人均观看时长等数据。直播经验总结主要是从主观层面对直播过程进行分析与总结，分析的内容包括直播流程设计、团队协作效率、主播现场表现等。直播运营团队通过自我总结、团队讨论等方式对这些无法通过客观数据表现的内容进行分析，并将其整理成经验手册，为后续开展直播活动提供有效的参考。

任务二　直播电商产业链

经过不断发展，直播电商早已不只是买方与卖方之间的交易，除了主播、平台渠道方、供应链方、MCN（Muti-Channel Network，多渠道网络服务）机构、直播代运营服务商等各类新的角色陆续入局，直播电商的产业生态不断完善。我国电商产业链与直播电商产业生态图谱如图1-4和1-5所示。

图1-4　中国电商产业链图谱
（图片来源：艾瑞咨询"中国直播电商行业研究报告"）

图1-5 中国直播电商产业生态图谱
（图片来源：艾瑞咨询"中国直播电商行业研究报告"）

在产业链中，各环节相互配合、紧密联系，共同推动直播电商向着更加成熟、规范化的方向发展。直播电商产业链运作流程如图1-6所示。

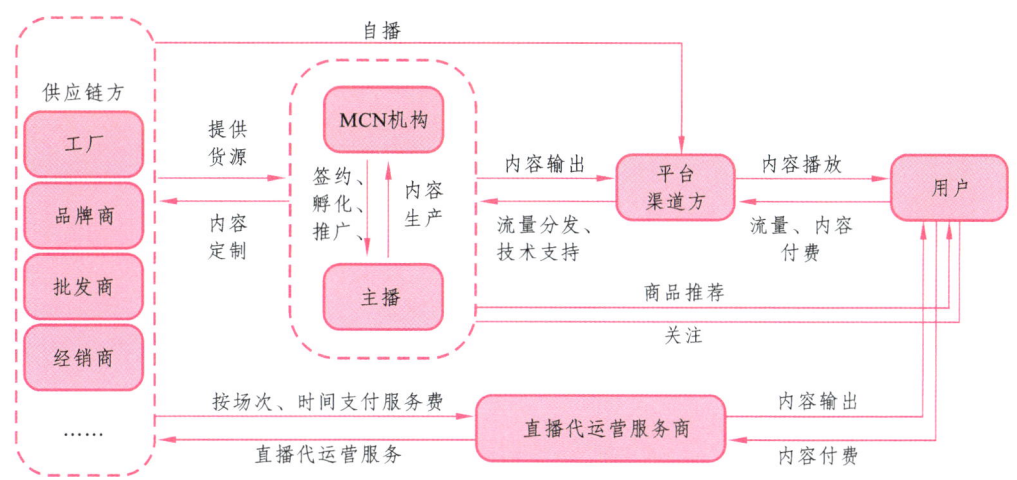

图1-6 直播电商产业链运作流程

一、供应链方

供应链方包括工厂、品牌商、批发商、农业生产者等，为MCN机构、主播、直播电商平台供应商品，并提供仓储、物流、商品售后等服务。与传统电商供应链相比，直播电商中的供应链加入了主播的角色，主播能与用户建立直接联系，更加清楚地了解用户的需求，并将这些需求反馈给供应链方，让供应链

供应链方

方提供更符合用户需求的商品。

在直播电商中,供应链方分为内部供应链服务商和外部供应链服务商。内部供应链服务商通常是由主播自身团队负责运营的,即主播自建工厂,创建自有品牌,或采取原始设备制造商(Original Equipment Manufacturer,OEM)模式、原始设计制造商(Original Design Manufacturer,ODM)模式生产自己的定制品牌商品。外部供应链服务商包括两类,一类是零售终端品牌商,另一类是聚合了不同品牌商、工厂、批发商等货源的第三方供应链服务商。

其中,第三方供应链服务商在货源种类、货源对接上更具优势,因此大多数主播会选择与第三方供应链服务商进行对接。各类第三方供应链服务商根据自身特性的不同,在货源整合上具有不同的优势。不同类型的第三方供应链服务商的典型优势及特性如下:

1. 电商平台

(1)典型代表:淘宝网、京东商城。

(2)优势:商品种类丰富,电商生态完善。

(3)特性:搭建电商交易平台,积累了丰富的商家资源。为了提高营销效率,提高商品转化率,平台开辟直播入口,帮助商家吸引流量,提高经营业绩,同时为主播提供货源。

2. 短视频平台

(1)典型代表:抖音、快手。

(2)优势:流量大。

(3)特性:用户活跃度高,平台流量大,平台上产生了大量的 KOL(Key Opinion Leader,关键意见领袖)。为了开辟新的流量变现渠道,平台尝试搭建电商体系,整合货源,帮助主播更好地实现流量变现。

3. 导购平台

(1)典型代表:小红书。

(2)优势:具有流量优势,能为主播提供精选货源。

(3)特性:购物"达人"通过分享商品"种草",平台依托导购业务积累了一些具有一定流量的购物"达人"和忠诚用户。

4. 供应链基地

(1)典型代表:遥望网络。

(2)优势:商品丰富,能为主播提供经纪服务。

(3)特性:在线下建立货源基地,搭建直播间,并签约主播,为主播提供货源、直播间,以及直播经纪服务,其最大的作用就是对接货源与主播。

二、MCN 机构

在直播电商产业链中,MCN 机构是与内容创作者合作或直接生产各种独特内容的任何实体或组织,并在发布内容的网络平台上执行业务和营销功能,兼具主播经纪、社交内容平台内容生产、货架式电商平台活动运营、供应链运营等多重角色。

对于主播来说,MCN 机构能为其提供经纪服务,包括为主播提供技能培训、内容创作指导、流量曝光等服务。对于供应链方来说,MCN 机构为其提供直播服务,输出定制化直播内容,帮助其实现商品转化。对于平台渠道方来说,MCN 机构以机构团体的形式入驻平台,帮助平台管理分散的个人主播,并输出直播内容,吸引流量。MCN 机构主播经纪服务包括内容如下:

(1)技能培训:MCN 机构根据签约主播的特性,对主播进行有针对性的培养,提高其直播技能。

(2)内容创作指导:MCN 机构根据商家的需求,对主播进行创作指导,帮助其输出符合商家要求的直播内容。

(3)流量曝光:MCN 机构根据主播创作的内容在不同的直播平台上进行投放,同时根据主播的能力、特性,为其提供参与商业活动的机会,帮助主播提高知名度和粉丝数量。

三、主 播

主播连接着供给端和需求端。在供给端,主播为供应链方输出直播内容,帮助其吸引流量,销售商品;在需求端,主播通过直播输出内容,向用户分享商品。

四、平台渠道方

在直播电商产业链中,平台渠道方主要负责搭建直播渠道,并制定相关规则,维护直播秩序。按照主营业务属性划分,平台渠道方分为电商平台和内容平台。

电商平台包括淘宝网、京东商城、拼多多等传统电商平台,它们积极搭建直播生态,进行内容化,从而为平台吸引流量,为用户提供体验感更好的购物方式,增强用户黏性。

内容平台是指小红书、抖音、快手等以分享图文、短视频等内容为主的平台。为了丰富平台变现渠道,内容平台逐步寻求电商化,通过自建电商产业链拓展自身与商家和供应链的合作,从而形成完整的电商产业链,让用户可以在平台内直接购买商品,为"达人"创造更便利的流量变现方法。

在直播电商产业链中,平台渠道方拥有较大的主动权,这主要体现在制定直播规则、流量分配和场景服务三个方面。

1. 制定直播规则

(1)制定直播运营相关规则,如主播开通直播的条件、佣金比例、可直播的商品、直播中应遵守的规则等。

(2)制定主播与商家沟通合作的相关规则。

2. 流量分配

掌握流量分配权，符合平台要求的直播能获得较多的流量；反之，则可能无法获得流量。

3. 场景服务

（1）平台搭建直播系统，为主播提供直播场景服务。
（2）有的平台可以为主播提供货源渠道。

五、典型直播电商服务商

直播电商服务商是指能为商家提供完整的直播代运营服务的组织，包括电商直播代运营服务商和企业直播代运营服务商。电商直播代运营服务商侧重于为商家制订专属直播方案，直播的主要渠道是淘宝网、京东商城、抖音、快手等公域流量平台；企业直播代运营服务商侧重于商家私域流量的积累与沉淀，直播的主要渠道是企业/品牌官方网站、微信等私域流量平台，且它更侧重于为商家提供直播的硬件支持和数据服务。

电商直播代运营服务商的典型主要有：

1. 谦寻

谦寻成立于2017年，致力于为品牌商等提供高效的直播服务及其他衍生服务。2019年谦寻自主研发首个行业SaaS（Software as a Service，软件即服务）服务平台——羚客，后期不断上线数字化工具与AI智能工具，于2023年7月发布全新AI智能羚客系统，新增直播罗盘、渠道罗盘及决策罗盘等功能，进一步强化了品牌服务能力。此外，谦寻基于自身的直播运营经验，与硅基智能合作以布局数字人直播业务，为品牌商店播提供解决方案。在AI数字人主播领域，谦寻依托于早探索、深布局等优势，已成为行业内商业化表现领先的服务商。整体来看，谦寻正不断加快数字化布局为直播电商产业链参与主体提供多样化的优质服务。

2. 遥望科技

遥望科技自2018年布局直播电商业务以来，已打造出"明星+达人+素人主播"的多直播矩阵，在美妆等标品领域与抖音、快手、淘宝平台建立了一定的竞争优势。该公司业绩增长强劲，2021年已成为抖音、快手双平台头部MCN机构，2022年累计签约艺人达51位，达人和素人主播签约达百余位，2023年上半年公司直播电商业务GMV约60亿元。遥望科技借助积累的直播资源与经验优势，积极拓展非标领域与"新"渠道的直播业务，并计划在数字虚拟人等领域进行研发投入，以技术创新助力公司规模化扩张。

3. 辛选

辛选是一家以"供应链管理+红人孵化+数字电商（含技术开发）+职业教育"四大业务为主的数字新零售企业，其中供应链管理为核心业务板块。辛选致力于依托C2M定制化供应链模式助力品牌商与工厂等依据消费者需求进行产品设计，通过智能仓对供应商进行数字化集中管理以及智能识别分销订单等，不断提升发货速度，保障消费者购物体验。

4. 东方甄选

东方甄选的主播从高学历的教师团队中脱颖而出，除了具备强沟通能力，不同主播的带货风格也较为鲜明。主播通过个人学识及技能，创造出高趣味性带货直播体系，与其他带货直播的砍价话术形成了鲜明对比，造就了东方甄选独有的品牌特色和调性。

5. 交个朋友

交个朋友在依托罗永浩个人 IP 实现用户的广泛认知后，陆续在各个垂类建立起主理人制度，当前已成功运营 1+14 个矩阵账号，消费者可以按照需求去不同直播间购物。

电商直播代运营服务商与企业直播代运营服务商的对比见表 1-2。

表 1-2 电商直播代运营服务商与企业直播代运营服务商的对比

直播代运营服务商	流量来源	服务内容	特点
电商直播代运营服务商	淘宝网、京东商城、抖音、快手等公域流量平台	运营需求分析、直播内容策划、主播讲解、主播孵化、直播间搭建、直播数据分析、多渠道整合营销等	流量来源丰富，侧重于提供直播营销策划服务
企业直播代运营服务商	企业/品牌官方网站、微信等私域流量平台	直播系统搭建、专业导购讲解、直播存储回放、直播效果分析、售后服务、用户管理等	具有较高的数据掌控能力，侧重于提供直播硬件支持和数据服务

六、直播电商合作及收益分配模式

（一）直播电商的合作模式

从商家与主播的合作模式来看，直播电商的合作模式分为专场包场和整合拼场两种模式。

1. 专场包场

专场包场指整场直播都推广某个企业或某个品牌的商品。其特点是对于商家来说，费用较高，但产生的营销效果显著。

2. 整合拼场

整合拼场指在同一场直播中，多个企业或品牌的商品由主播按照一定的顺序先后进行直播推广。其特点是对于商家来说，费用较低，如果主播选得好，就可以产生非常好的营销效果。

(二)直播电商的收益分配模式

直播电商的收益分配模式主要有两种,即纯佣金模式和"佣金+坑位费"模式。

1. 纯佣金模式

纯佣金模式是指商家根据直播商品的最终销售额,按照事先约定好的分成比例向主播支付佣金。例如,主播为商家在直播中卖出了 100 万元的商品,事先约定的佣金比例为 20%,那么商家需要向主播支付 20 万元的佣金。

在直播行业中,主播的级别不同,直播的商品不同,佣金比例也会有所不同。

2. "佣金+坑位费"模式

"佣金+坑位费"模式是指商家不仅需要根据商品的最终销售额按照约定好的分成比例向主播支付相应的佣金,还要向主播支付固定的坑位费。

商家的商品要想出现在主播的直播间中,需要向主播支付一定的商品上架费,这就是所谓的坑位费。坑位费只是保证商家的商品能够出现在主播的直播间中,至于最终商品能不能卖出去,能卖多少,主播都是不负责的。

坑位费会根据商品出现的顺序和主播级别的不同而有所不同。如果是整合拼场直播,同一场直播中会出现多个商家的商品,那么主播通常会按照商品在直播间中出现的顺序收取不同的坑位费。一般来说,商品出现的顺序越靠前,坑位费越高。此外,通常头部主播的坑位费较高,这是因为头部主播的人气较高,曝光量较高,在一定程度上能够保证商品的出单量,即使用户没有在主播的直播间中购买某商家的商品,但主播凭借高人气、高曝光量,也能为该商家打响知名度,提升该商家或品牌的影响力。

在直播电商产业链中,直播平台、MCN 机构和主播之间采取的是合作分成的模式。主播与商家确定佣金和坑位费后,直播平台会先从佣金中收取平台服务费,MCN 机构所获得的收益再由 MCN 机构和主播之间按照一定的比例进行二次分成。

任务三 直播电商发展历程与趋势

一、直播电商的发展历程

直播从诞生发展到"全民直播"仅用了几年,表现出了极大的发展潜力。随着直播与电子商务的结合,直播电商这一商业模式兴起,进而掀起了一场互联网商业变革。

直播电商的发展历程

在我国,直播电商起始于 2016 年。经历几年的发展,直播电商产业链逐步完善,进入爆发式增长阶段。(如图 1-7 所示)

1. 萌芽期(2016—2017 年)

2016 年,随着直播行业的发展,直播电商初露头角,产业链逐渐搭建。在直播平台端，电商平台与直播平台从拓展自身属性出发，尝试将"直播、电商、内容"三个要素相结合，探索新的效益增长渠道。2016年3月，社区导购平台蘑菇街率先上线直播业务，并自建直播电商小程序，成为首个推出直播购物的电商平台。紧随其后，淘宝网推出"淘宝直播"平台，用户在观看直播的过程中无须退出直播间，即可直接下单购买商品，实现了"边看边买"的购物模式。依托阿里巴巴成熟的电商产业链和技术支持，"淘宝直播"直接打通了直播电商的完整生态链。2016年9月，京东商城也上线直播功能，进入直播电商领域。在此阶段，主播以"淘女郎"为主，销售的商品以服装和美妆为主。

在蘑菇街、淘宝网、京东商城试水直播后，电商平台苏宁开启直播电商。此外，快手、抖音等短视频平台也上线了直播功能。同时，直播电商产业链中的角色开始丰富起来，MCN机构、供应链企业等纷纷入局，直播电商行业在探索中发展。在此阶段，主播的类型开始多元化，名人、各领域"达人"均可成为直播电商的主播，同时直播中销售的商品品类也更加丰富。

2. 成长期（2018年）

2018年"双十一"全天，淘宝直播商品成交总额达150亿元，淘宝网"双十一"正式"引爆"直播带货模式。

在各平台中，直播功能越来越受到重视。抖音、快手等短视频平台入局直播电商，借助直播实现流量变现。这些平台搭建了自有供货平台，构建完整的电商产业链，用户观看直播时可在平台上实现交易，而无须再跳转至第三方购物平台。从跳转第三方购物平台模式到自建供货平台模式，短视频平台依托流量优势，大力推动了直播电商的发展。

在此阶段，直播中销售的商品更加丰富，越来越多的商家开始进行商家自播。此外，很多主播凭借自身魅力和带货的专业度，形成了独特的"品牌"，让用户愿意购买他们推荐的商品。

3. 爆发期（2019年）

2019年，直播电商进入爆发式增长阶段，供应链的建设更加完善，各平台通过直播产生的交易额高涨，直播成为电商运营的标准配置。在此阶段，主播的身份更加多元化，大量名人、企业家参与到直播中，政府机构、电视台也加入直播带货。直播中销售的商品不仅有服装、食品、美妆等品类，甚至有房子、汽车、火箭发射服务等，商品的种类更加丰富。

4. 规范期（2020年至今）

直播电商成为风口，一系列规范直播电商行业发展的政策法规相继出台和实施，对直播电商产业链中的商家、主播、直播平台、MCN机构等主体的行为进行了规范，建立了相应的从业人员就业标准，直播电商进入规范化发展阶段。

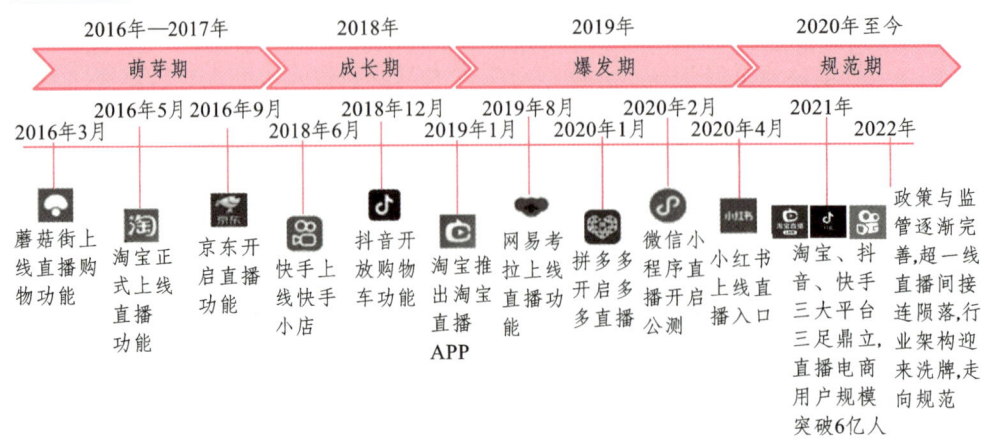

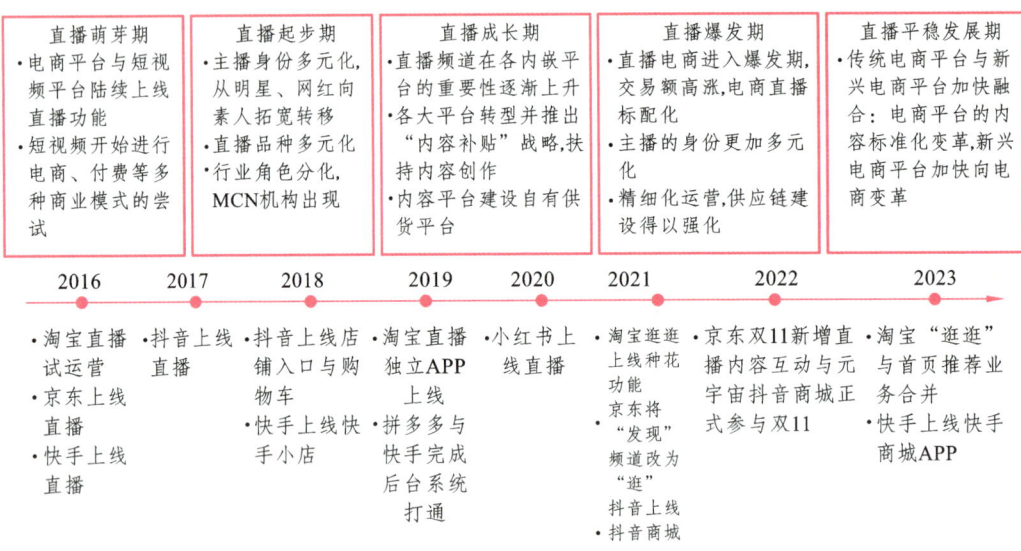

图 1-7 我国直播电商发展历程

二、直播电商发展的驱动力

直播电商已经发展成为一个由用户、主播、品牌商、MCN 机构等主体共同打造的完整的商业生态圈。在这个商业生态圈中，每一个主体都各司其职，不断刷新着直播电商的销售额纪录。直播电商之所以能获得快速发展绝非偶然，而是多方面因素共同作用的结果。

直播电商发展的驱动力

1. 科技进步的支持

互联网基础资源的建设和互联网宽带技术的升级为直播提供了良好的技术支持。视频采集硬件和系统的升级、视频处理技术的优化（如美颜、滤镜、屏幕录制等）、编码标准及芯片的升级、云技术的发展等保证了网络直播的流畅性、美观性，从而让用户获得了更好的观看体验，并且为直播行业的发展创造了更多的可能性。

此外，流量资费的下降、网络速度的提升加速了智能手机的普及，越来越多的用户习惯使用手机来观看直播。

2. 用户对直播电商的接受度高

近几年，我国网络直播用户规模呈上升趋势，中国互联网络信息中心发布的第47次《中国互联网络发展状况统计报告》显示，截至2020年12月，我国网络直播用户规模达6.17亿人，较2020年3月增长5 703万人，占网民整体的62.4%。其中，电商直播用户规模为3.88亿人，较2020年3月增长1.23亿人，占网民整体的39.2%。庞大的用户体量为直播电商的发展奠定了坚实的用户基础。

传统电商主要以静态的图文形式展示商品信息，对于用户来说，容易产生信息不对称的风险。而在当下信息爆炸的时代，图文形式的信息不利于吸引用户的注意力，用户更期待能够在短时间内迅速获得较全面的商品信息。直播形式的出现让商品信息能够以一种更直观、更立体的方式进行展现，一定程度上能帮用户规避图文形式展示中"文字陷阱"与"照骗"的风险。此外，主播不仅对商品进行详细的介绍，还能回答用户的提问，与用户进行实时互动。因此，与静态的图文信息相比，直观化、立体化、互动性强的直播更受用户的喜欢。

3. 各平台助推直播电商成长

经过多年的发展，电商行业的获客成本逐渐增高，电商行业处于争夺存量、制造增量以求增长的阶段。由于直播产生的社交流量成本较低，且流量转化效果良好，越来越多的电商平台开始入局直播电商，并不断提升直播在平台内部生态中的权重，推动商家开展直播业务。除了拥有强购物属性的电商平台，抖音、快手等娱乐内容平台也积极投身于直播电商领域，以期在用户增长乏力阶段充分发挥现有存量的价值，开拓新的流量变现方式。娱乐内容平台的入局为直播电商带来了新的流量，拓宽了直播电商的获客渠道，为直播电商的发展带来了新的契机。

4. 商家认可直播电商

由于传统渠道获客成本不断增加，商家越来越认可直播电商的发展潜力。对于商家来说，直播能缩短用户的购买决策时间，刺激用户快速做出购买决策，从而实现交易额的增长。此外，直播具有实时互动性，商家能与用户形成良好的互动，从而加深用户对品牌的认知和黏性。

当前，商家更加追求营销推广投入与效果的性价比，营销推广渠道发生了变化，营销推广的预算结构也发生了变化，商家由借助传统媒体转向借助短视频、直播等新兴的媒体渠道进行营销推广，营销推广预算也向这些渠道倾斜。商家对直播电商的认可助推了直播电商的发展。

5. "网红"经济的影响

随着"网红"经济的发展，国内诞生了很多颇具网络影响力的关键意见领袖。他们或凭借与用户之间的良好关系，或凭借自己在某领域所体现的专业性，获得了很多用户的认可，并在一定程度上影响着用户的消费行为。以前，关键意见领袖主要通过图文和短视频的形式进行内容创作，分享商品信息，对用户开展精准营销。随着直播风口的到来，他们开始进军直播电商领域，通过直播电商渠道实现流量变现，而这些关键意见领袖也逐渐发展成为直播电商中的关键要素"人"，即主播。关键意见领袖类主播的加入丰富了直播电商主播的类型，促进了直播电商生态链的完善和发展。

6. 政策的推动

国家鼓励新型经济业态的发展，并加大监管力度，出台了一系列与直播电商相关的政策、法规，引导直播电商行业向更加成熟、健康的方向发展。除了国家出台的多项政策，地方政府为了抓住直播电商红利，也相继出台了一系列扶持直播电商发展的规划和纲要，推动直播电商在本地区的发展。

三、直播电商与传统电商的对比

直播电商模式兼具销售与营销的功能。与传统电商模式相比，直播电商模式在多个维度上都有显著的优势，见表1-3。

表1-3　传统电商模式与直播电商模式对比示意

对比内容	传统电商模式	直播电商模式
商品与用户的关系	人找货	货找人
消费路径	用户—商品	用户—主播—商品
供应链环节	商品流通环节较多，流通成本较高	头部主播和MCN机构能与供应链方直接对接，有效缩短了供应链的中间环节，节省了商品的流通成本。此外，主播和MCN机构有较强的议价能力，能为用户提供优惠力度较大的商品
用户消费方式	用户主动搜索商品为主	主播向用户推荐商品为主
用户消费需求	刚性需求为主	用户可能对商品存在刚性需求，但在用户对商品不存在刚性需求的情况下，直播电商模式通过主播、商品、消费场景打造内容营销，能够激发用户潜在的消费需求
用户消费心理	用户对商品有刚性需求，购买它是为了满足物质需求。用户的消费心理通常是"为需求买单""为品牌买单"	有些用户对商品存在需求，购买它是为了满足物质需求；而有些用户对某些商品并不存在需求却仍然购买，是为了满足自己的好奇心。此外，用户与主播之间有一定的情感基础上的信任关系，用户可能会因为喜欢、信任某主播而购买某款商品，用户的消费心理是"为喜爱买单""为信任买单"

续表

对比内容	传统电商模式	直播电商模式
影响用户做出消费决策的因素	商品的价格、质量、品牌等	商品的价格、质量、品牌;主播营销话术的刺激
消费体验反馈	客服连接,缺少情感联系	主播连接,主播可以与用户进行互动,建立情感联系
商品呈现形式	依靠图片、文字、短视频等形式展示商品,但图片、文字和短视频与实物可能存在一定的差距。此外,对于一些功能较为复杂的商品来说,图文和短视频未必能将商品的功能、使用方法解释清楚	通过实时视频全方位地展示商品,用户直观地了解商品的外观;通过主播的讲解,用户详细地了解商品的性能
社交属性	社交属性弱,商家主要通过商品详情页向用户展示商品信息。此外,用户通常只能通过商品评论或者客服两个渠道交流商品信息	社交属性强,主播和用户可以进行双向互动,主播向用户全方位地讲解商品,用户也可以实时地向主播提出问题,主播当场为其解答;用户与用户之间也可以进行在线交流,信息反馈及时
用户购物体验感	用户根据自身的主观判断,自主选择商品	用户可以通过在评论区留言、参与直播间抢红包等方式参与到直播中,在购物过程中获得更多的参与感和互动感
交易花费的时间成本	由于商家和用户的信息不对称,用户在购买商品之前需要花费较多的时间去搜集商品信息,并对信息进行评判,然后才能做出购买决策,在交易过程中用户花费的时间成本较高	主播具备较强的选品能力,进入直播间的商品都是经过主播严格筛选的,用户无须再花费时间去从多个品牌中筛选适合自己的商品。主播专业的选品能力和商品讲解能力能够帮助用户降低购物决策的时间成本

四、直播电商行业发展趋势

1. 核心服务商将加快数字化平台建设并不断拓展服务边界以升级品牌服务能力

近年多数核心直播电商服务商以达播业务(指商家通过平台上的达人进行直播带货的一种营销方式)在线化为切入点建设数字化平台,以此提升业务流程协同性与运营效率。随着业务数据不断沉淀,部分业务流程借助数字化工具与 AI 工具实现了数字化与智能化升级,如智能选品与智能组建货盘等功能的实现。在品牌商降本增效及店播趋势日益凸显的背景下,服务商未来将不断拓展数字化平台的服务边界,向赋能品牌商日常运营与店播方向进一步延伸。服务商在为自身开拓新型业务的同时，不断升级品牌服务能力，以强化自身与品牌商的合作黏性，如图1-8所示。

图1-8　核心直播电商服务商数字化平台的服务范围变化

2. 顺应合规趋势，核心服务商将借助数字技术提升直播电商合规治理效率

直播电商合规性政策陆续出台，核心直播电商服务商作为品牌商与消费者的重要连接者之一，需要从多维度加强合规治理以保障品牌商、消费者及自身的相关权益。商品与内容是直播电商业务流的重要元素，核心直播电商服务商未来将基于数字化平台建设等方式以实现选品风险全方位排查及直播内容多环节智能化审核等功能，进一步提升直播电商合规治理效率。未来，随着核心直播电商服务商加快数字化转型，其有望借助数字技术向更多合规场景渗透，如图1-9所示。

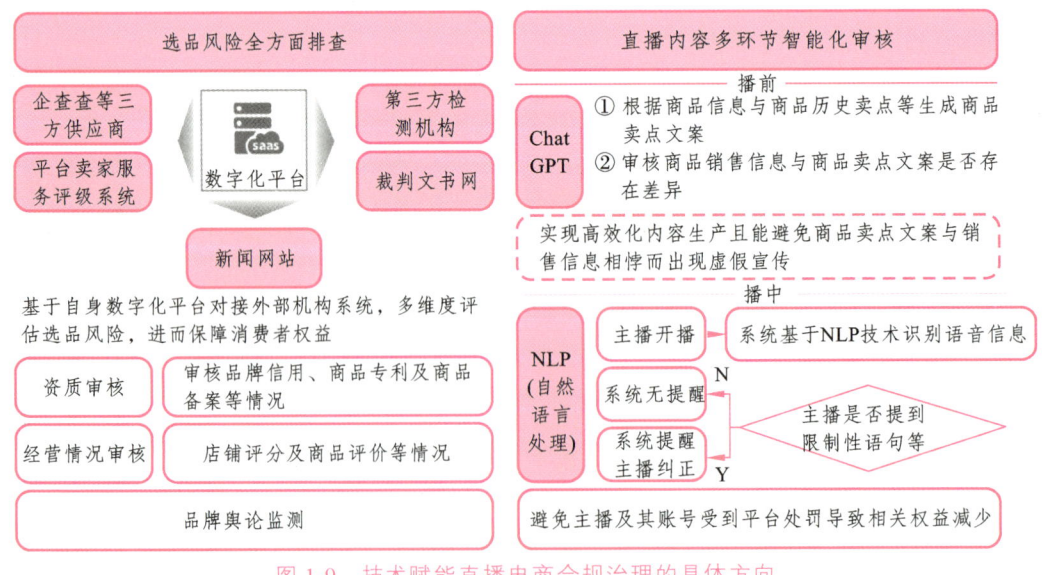

图1-9　技术赋能直播电商合规治理的具体方向

3. 数字人主播将步入精细化发展阶段，商业价值有望释放

依托于语音合成、自然语言处理及大语言模型等技术支持，数字人主播正不断进入直播间，但目前仅有少部分核心直播电商服务商能够为品牌商提供相对成熟的 AI 数字人产品，大部分服务商通过外采所购入的数字人主播面临"皮套人"困境，如虚拟感较重、说话延迟以及动作僵硬等。未来，伴随数字人技术的逐步成熟，直播电商运营方法论与数字人技术将不断融合，推动数字人主播在合规、形象、语言及动作方面不断向精细化方向发展，以最大化发挥、补充品牌商店主播角色的价值，如图1-10所示。

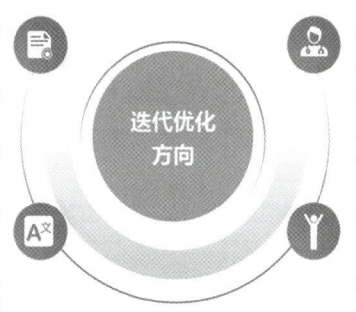

合规侧
各电商平台陆续出台数字人主播的使用规则，因此直播间使用数字人主播需根据平台规则变化技术迭代，否则平台有权限制使用甚至终止使用

形象侧
数字人主播形象许符合品牌调性，即根据品牌定位、产品属性及目标受众等打造定制化数字人形象

语言侧
一方面需借助NLP与机器学习等技术驱动数字人主播实时回复弹幕以增加其在直播间的互动性；另一方面需结合真人主播的直播话术与讲品逻辑等内容不断迭代数字人主播的内容输出

动作侧
目前数字人主播已能够手持商品进行介绍,对于试穿等需大范围活动的动作难以实现,未来需借助AI算法进一步驱动数字人主播的动作升级

图 1-10　数字人主播迭代优化方向

任务四　直播电商相关法律法规与政策监管

一、直播相关法律及规章制度（表1-4）

表 1-4　直播电商相关法律法规简示

序号	发布（修订）时间	发布（修订）机构	名称	相关内容
1	2011年1月8日（修订）	国务院	《互联网信息服务管理办法》	办法规定的"九不准"和"七条底线"不容逾越
2	2013年10月25日（修订）	第十二届全国人民代表大会常务委员会第五次会议	《中华人民共和国消费者权益保护法》	第八条规定消费者享有知悉购买产品真实情况的权利，第二十七条规定经营者不得对消费者进行侮辱诽谤，第二十条规定经营者对销售的商品相关信息不得进行虚假宣传

续表

序号	发布（修订）时间	发布（修订）机构	名称	相关内容
3	2016年11月4日（发布）	国家互联网信息办公室	《互联网直播服务管理规定》	第九条规定互联网直播服务提供者和使用者不得利用互联网直播服务从事危害国家安全、破坏社会稳定、扰乱社会秩序、侵犯他人合法权益、传播淫秽色情等法律法规禁止的活动，不得利用互联网直播服务制作、复制、发布、传播法律法规禁止的信息内容。第十一条规定互联网直播发布者在进行直播时，应当提供符合法律法规要求的直播内容，自觉维护直播活动秩序
4	2016年11月7日	第十二届全国人民代表大会常务委员会第二十四次会议	《中华人民共和国网络安全法》	第四章"网络信息安全"第四十七条规定网络运营者应加强对用户发布信息的管理，发现违规内容及时采取处置措施
5	2018年8月31日（发布）	第十三届全国人民代表大会常务委员会第五次会议	《中华人民共和国电子商务法》	第十七条规定电子商务经营者应当真实披露商品信息，不得进行虚假商品宣传，欺骗、误导消费者。第四十一条规定电子商务平台经营者应当建立知识产权保护规则，依法保护知识产权
6	2019年4月23日（修订）	第十三届全国人民代表大会常务委员会第十次会议	《中华人民共和国反不正当竞争法》	第八条规定经营者不得对商品进行虚假宣传，不得组织虚假交易
7	2019年12月15日（发布）	国家互联网信息办公室	《网络信息内容生态治理规定》	第四条、第五条、第六条、第七条对网络信息内容进行了规范，规定了鼓励创作、禁止创作和防范抵制的内容。第八条和第十五条规定了平台应当履行信息内容管理主体责任，制定并公开管理规则和平台公约
8	2020年11月12日（发布）	国家广播电视总局	《国家广播电视总局关于加强网络秀场直播和电商直播管理的通知》	第一条规定了网络秀场直播平台、电商直播平台的内容创作方向，对主播直播的内容起到导向性作用

续表

序号	发布（修订）时间	发布（修订）机构	名称	相关内容
9	2021年2月9日（发布）	国家互联网信息办公室、全国"扫黄打非"工作小组办公室、工业和信息化部、公安部、文化和旅游部、国家市场监督管理总局、国家广播电视总局等七部委	《关于加强网络直播规范管理工作的指导意见》	第二部分"督促落实主体责任"第二条规定明确主播法律责任，第三部分"确保导向正确和内容安全"第八条规定严惩违法违规行为
10	2021年4月23日（发布）	国家互联网信息办公室、公安部、商务部、文化和旅游部、国家税务总局、国家市场监督管理总局、国家广播电视总局等七部门	《网络直播营销管理办法（试行）》	第三章"直播间运营者和直播营销人员"对直播人员行为做了系统性规定

二、政策监管

直播电商相关政策

政策压实参与主体相关责任，指引行业规范化发展。

2020年起，各相关部门针对直播电商行业参与主体的行为与义务等进行明确规范，具体参与主体包括商家、直播电商平台、主播以及直播电商服务商等，直播电商行业已从野蛮生长阶段步入监管趋严的规范化发展阶段。2023年，相关部门针对直播电商行业发展所产生的新风险，如"最低价协议"与"数字人主播"等，及时补足了合规指引以进一步保障下游消费者权益。

（1）2020年，中国商业联合会媒体购物专业委员会《视频直播购物运营和服务基本规范》规定了社交媒体和视频直播购物经营者的相关义务；针对主播明确较严格的准入条件；明确并细化关于消费者保护等规定。中国广告协会《网络直播营销行为规范》规定了商家、主播、平台以及其他参与者等各方在直播电商活动中的权利、义务与责任。国家广播电视总局《关于加强网络秀场直播和电商直播管理的通知》规定网络电商直播平台要对开设直播带货的商家和个人进行相关资质审查和实名认证，完整保存审核和认证记录等。

（2）2021年，国家市场监督管理总局《网络交易监督管理办法》明确"直播带货"等网络交易活动中的经营者定位；明确网络交易平台经营者的义务，同时明确平台内经营者的义务。国家互联网信息办公室等七部门发布的《网络直播营销管理办法（试行）》规定，直播营销平台应当依法依规履行备案手续；直播间运营者、直播营销人员应当加强直播间管理，在直播间布景、商品展示等重点环节的设置应当符合法律法规和国家有关规定，不得以暗示等方式误导用户等。

（3）2022年，国家互联网信息办公室等三部门发布《关于进一步规范网络直播营利行为促进行业健康发展的意见》，规定网络直播发布者、网络直播服务机构、网络直播平台应当全面、真实、准确地披露商品或者服务信息，保障消费者的知情权和选择权，对直接关系消费者生命安全的重要消费信息进行必要、清晰的提示。国家广播电视总局《网络主播行为规范》要求经纪机构等需建立健全网络主播入驻、培训、日常管理、业务评分档案和"红黄牌"管理等内部制度规范。

（4）2023年，上海市市场监督管理局《上海市网络直播营销活动合规指引（修订征求意见稿）》规定，直播间运营者应当按照平台规则和合作协议，依法对直播营销活动进行规范建设、内容审核以及违规处置，包括不应要求平台内经营者签订"最低价协议"等。杭州市司法局《直播电商产业合规指引（征求意见稿）》要求，直播电商从业者使用数字人主播，须确保已经获得相关权利人的充分授权，与相关主体签署相关合同，明确各方权利义务，并在直播间添加显著标识。

项目小结

本项目主要从直播电商的基础认知、产业链、发展与趋势以及直播电商相关的法律法规等方面介绍了直播电商的特点与模式、与传统电商的区别、直播电商的平台类型、直播电商的三要素"人""货""场"、直播的基本步骤、直播电商的生态图谱；还介绍了直播电商的发展历程及发展趋势；最后介绍了直播电商相关的法规与政策，希望不同参与主体在开展直播电商的过程中遵守相关规则，诚信经营。

实训练习

一、观察学习

进入淘宝、抖音平台，观看一场直播，说说你观看直播的感受，分析一下淘宝平台和抖音平台直播的形式有什么区别，如果在观看的过程中购买了商品，再说说自己的购物体验。

直播平台		观看时长	
直播间名称		主营类目	
观看/购物体验			
分析平台区别			

二、课后习题

（一）单选题

1. 新兴电商平台介入消费链条环节是（　　）。
A. 消费决策—搜集信息—达成交易
B. 识别/引导/激发需求—搜集信息—消费决策—达成交易
C. 识别/引导/激发需求—消费决策—搜集信息—达成交易
D. 搜集信息—消费决策—达成交易

2. 传统电商平台介入消费链条环节是（　　）。
A. 识别/引导/激发需求—消费决策—搜集信息—达成交易
B. 识别/引导/激发需求—搜集信息—消费决策—达成交易
C. 搜集信息—消费决策—达成交易
D. 搜集信息—识别/引导/激发需求—消费决策—达成交易

3. 直播电商"人、货、场"里的"场"指的是（　　）。
A. 直播市场　　　　B. 直播现场　　　　C. 直播场景搭建　　　　D. 直播广场

4. 直播电商"人、货、场"里的"人"指的是（　　）。
A. 粉丝　　　　B. 主播　　　　C. 广告主粉丝　　　　D. 用户

5. 以下关于直播整体规划的基本步骤描述正确的是（　　）。
A. 明确直播目标—直播宣传规划—筹备直播—执行直播活动—直播活动二次传播—复盘总结
B. 明确直播目标—筹备直播—直播宣传规划—执行直播活动—复盘总结—直播活动二次传播
C. 筹备直播—明确直播目标—直播宣传规划—执行直播活动—直播活动二次传播—复盘总结
D. 直播宣传规划—筹备直播—明确直播目标—执行直播活动—直播活动二次传播—复盘总结

6. 传统电商平台的典型平台有（　　）。
   A. 淘宝网、抖音、京东商城　　　　　B. 拼多多、淘宝网、快手
   C. 淘宝网、京东商城、拼多多　　　　D. 快手、抖音、头条
7. 娱乐内容平台的典型平台有（　　）。
   A. 头条、抖音　　　B. 微信、抖音
   C. 小红书、蘑菇街　D. 抖音、快手

（二）多选题

1. 中国电商市场主要类别及特征描述正确的是（　　）。
   A. 传统电商平台在行业地位中是先行者，头部电商平台多归属于该类型平台
   B. 新兴电商平台获客模式以用户主动搜索购买为主
   C. 传统电商平台主要基于货架式电商生态形成了在用户规模、供货商培育、供应链成本控制等方面的先发优势
   D. 新兴电商平台获客模式注重主动"种草"，培养心智，引导需求
2. 筹备直播环境需要以下哪些准备？（　　）
   A. 筹备并调试直播设备　　　　　　　B. 准备直播物料
   C. 选择直播场地　　　　　　　　　　D. 主播自身准备
3. 关于不同类型主播的优缺点描述正确的是（　　）。
   A. 网络"达人"专业度高，商品转化率较高
   B. 电商专业主播直播的商品种类繁杂，有些主播的售后服务难以保障
   C. 名人通常对商品缺乏详细的了解，缺乏专业的直播技能，商品的转化率不稳定
   D. 企业家具有一定的知名度，自带流量，容易让人信服，对商品比较了解
4. 关于直播电商娱乐内容平台的特点描述正确的是（　　）。
   A. 直播类型以"达人"直播为主　　　B. 直播类型以商家自播为主
   C. 用户特征以获得娱乐享受为主　　　D. 用户特征以购物消费为主
   E. 商品转化率较低
5. 直播电商平台主要分为哪几类？（　　）
   A. 娱乐内容平台　B. 导购社区平台　C. 传统电商平台　D. 社交平台
   E. 品牌官网平台
6. 直播电商产业链的构成包括（　　）。
   A. 供应链方　　B. MCN 机构　　C. 主播　　D. 平台渠道方
   E. 直播代运营服务商
7. 直播电商的模式有（　　）。
   A. 商家直播　　B. 平台直播　　C. 员工直播　　D. "达人"直播
8. 直播电商的特点有（　　）。
   A. 互动性强　　B. 弱 IP 化　　C. 去中心化　　D. 强 IP 化

项目二 直播技能入门

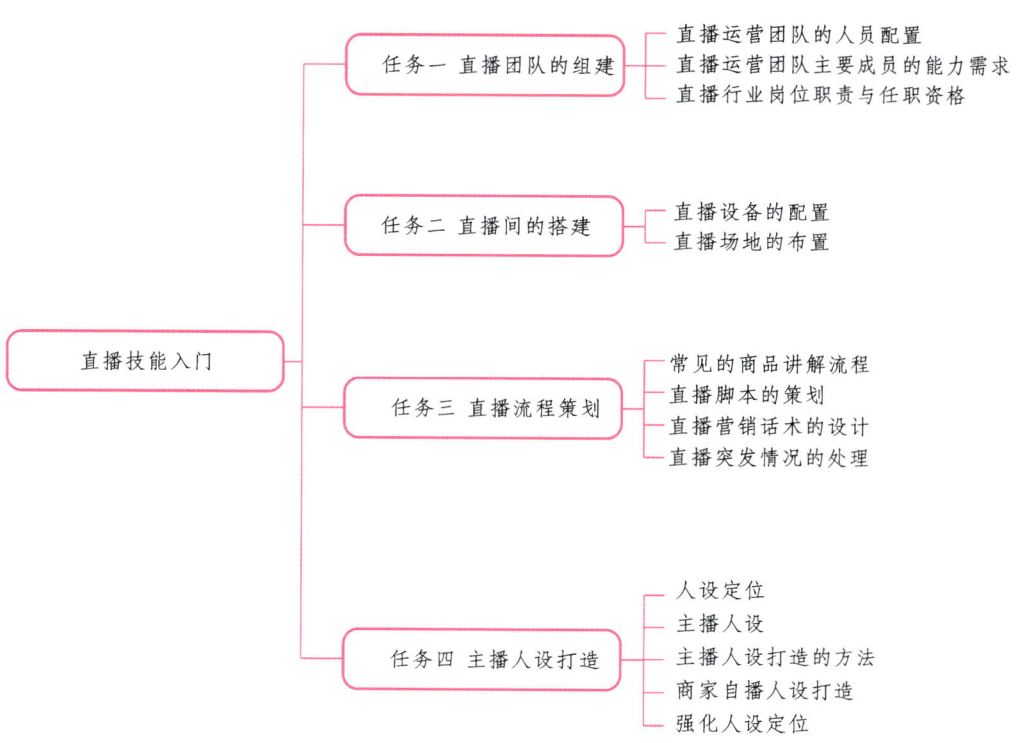

📚 **素养目标**

- 培养正确的价值观和审美观，有道德底线
- 培养自学能力和迁移能力、能举一反三的可持续发展能力
- 培养团队合作、积极上进的工作作风，具有良好的服务意识

📚 **学习目标**

- 了解对直播的整体流程进行规划和设计的方法
- 了解直播运营团队的组建方法，以及团队人员的工作内容与职业能力要求
- 了解直播设备的配置和直播间场地的布置方法
- 掌握直播商品的讲解流程、直播脚本的设计和直播控场的策略
- 掌握直播平台大促活动和特色主题活动的策划方法

任务一　直播团队的组建

成功组织一场直播不是一件简单的事情，涉及直播运营团队的组建、直播间的搭建、内容策划、主播人设打造等多个方面。无论是个人还是商家，要想真正做好直播电商，组建直播团队是首要的。图 2-1 所示为品牌自播直播团队组织架构。

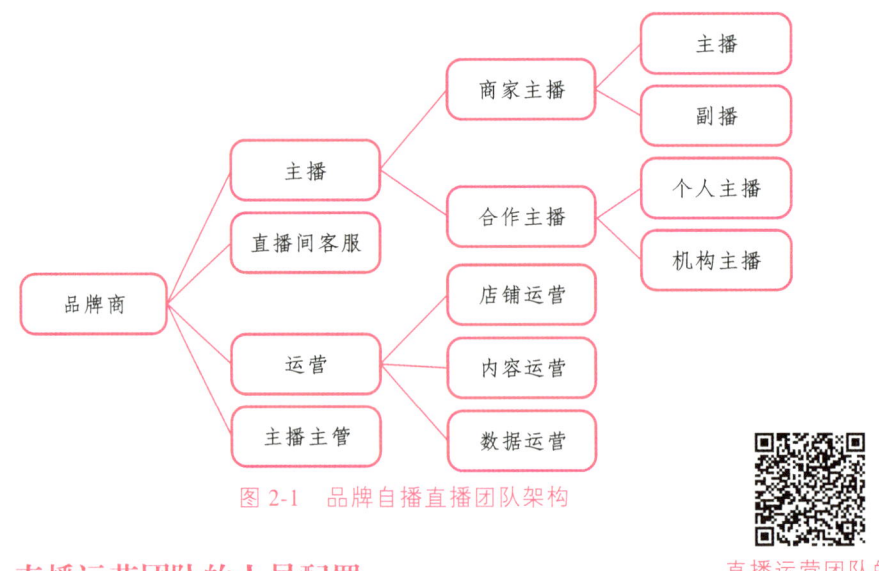

图 2-1　品牌自播直播团队架构

直播运营团队的人员配置

一、直播运营团队的人员配置

根据人员配置规模的不同，直播运营团队分为 2 人团队、4～5 人团队、大型团队。

个人或商家可以根据自身运营能力、资金实力等情况组建不同规模的直播运营团队。

1. 两人团队（图 2-2）

这种构成可以称为"基础型团队"，需要设置 1 名主播和 1 名运营，其人员构成及职能分工如下：

（1）主播职能分工：
- 熟悉商品脚本；
- 熟悉直播活动脚本；
- 做好商品讲解；
- 控制直播节奏；
- 做好直播复盘。

（2）运营职能分工：
- 分解直播营销任务、规划直播商品品类、规划直播商品上架顺序、规划直播商品陈列方式、分析直播数据；
- 策划直播间优惠活动、设计直播间粉丝分层规则和粉丝福利、策划直播平台排位赛直播活动、策划直播间引流方案；
- 撰写直播活动规划脚本、设计直播话术、搭建并设计直播间场景、筹备直播道具等；
- 调试直播设备和直播软件、保障直播视觉效果、上架商品链接、配合主播发放优惠券。

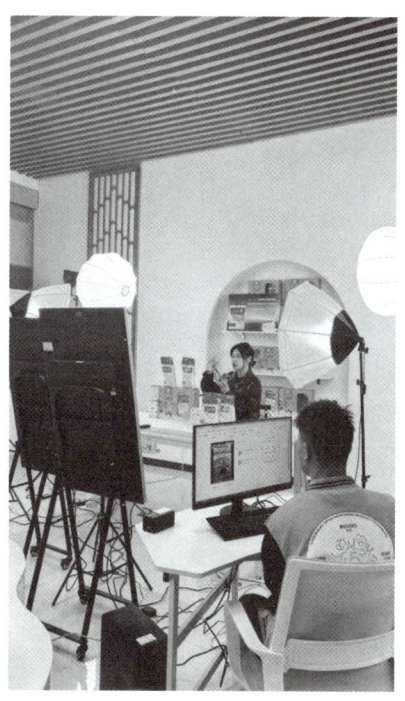

图 2-2 两人团队直播场景示例

两人团队模式对运营要求比较高，运营必须是全能型人才，懂技术、会策划、能控场、懂商务、会销售、能运营，在直播过程中集运营、策划、场控、助理于一身，能够自如地转换角色，工作要游刃有余。设置一名主播的缺点在于团队无法实现连续直播，而且主播流失、生病等问题出现时会影响直播的正常进行。

2. 4~5人团队（图2-3）

4~5人团队的核心岗位是主播，其他人员都围绕主播来工作。当然，如果条件允许，还可以为主播配置助理，协助配合主播完成直播间的所有活动。这种团队可以称为标配版团队，其人员构成及职能分工如下：

（1）主播（1~2人）：熟悉商品脚本、熟悉直播活动脚本、做好商品讲解、控制直播节奏、做好直播复盘。

（2）运营（1人）：分解直播营销任务、规划直播商品品类、规划直播商品上架顺序、规划直播商品陈列方式、分析直播数据。

（3）策划（1人）：策划直播间优惠活动、设计直播间粉丝分层规则和粉丝福利、策划直播平台排位赛直播活动、策划直播间引流方案、撰写直播活动规划脚本、设计直播话术、搭建并设计直播间场景、筹备直播道具等。

（4）场控（1人）：调试直播设备和直播软件、保障直播视觉效果、上架商品链接、配合主播在后台发放优惠券。

图2-3　4~5人团队直播场景示例

3. 大型团队

随着直播业务的不断扩大，以及资金方面的允许，商家可以适当扩大直播团队的规模，将其改造成升级版团队。升级版团队人员较多，分工更细化，工作流程也更优化，其人员构成及职能分工见表2-1、图2-4所示。

表 2-1　大型直播团队人员构成及职能分工

人员构成		职能分工
主播团队（3人）	主播	① 开播前熟悉直播流程、商品信息； ② 直播中介绍商品，介绍直播间福利，与用户互动； ③ 直播后做好复盘，总结直播经验
	副播	① 协助主播介绍商品、介绍直播间福利活动； ② 试穿、试用商品； ③ 主播离开时担任临时主播等
	助理	① 准备直播商品、道具等； ② 协助配合主播工作，做主播的模特，完成画外音互动等
策划（1人）		① 规划直播内容，确定直播主题； ② 准备直播商品； ③ 做好直播前的预热宣传； ④ 规划好开播时间段，做好直播间外部导流和内部用户留存等
编导（1人）		① 撰写商品介绍脚本、直播活动脚本、关注直播间话术脚本、控评话术脚本； ② 设计直播间场景，例如直播间背景、直播页面中的贴片等； ③ 设计主播和副播的服饰、妆容，直播中使用的道具等
场控（1人）		① 做好直播设备如摄像头、灯光等相关直播软硬件的调试； ② 负责好直播中控台的后台操作，包括直播推送、商品上架、优惠券发放，以及实时直播数据监测等； ③ 接收并传达指令，例如，若直播运营有需要传达的信息（如商品库存数量、哪些地区不能发货等），场控在接到信息后要传达给主播和副播，由他们告诉用户
运营（2人）		① 分解直播营销任务； ② 规划直播商品品类，规划直播商品上架顺序； ③ 规划直播商品陈列方式； ④ 分析直播数据； ⑤ 做好直播推广引流； ⑥ 做好用户分层管理等
店长导购（2人）		主要辅助主播介绍商品，强调商品卖点，同时协助主播与用户互动
拍摄剪辑（1人）		负责视频（例如直播花絮、主播短视频，以及介绍商品相关信息的视频片段等）的拍摄与剪辑，辅助直播工作
客服（2人）		① 配合主播在线与用户进行互动答疑； ② 修改商品价格，上线优惠链接，促进订单转化，解决发货、售后等问题
投放（1人）		① 掌握平台投放规则、投放工具及操作技能； ② 数据分析，能通过复盘优化投放策略

图 2-4　大型团队直播场景示例

二、直播运营团队主要成员的能力需求

1. 主播岗位及能力

在主播岗位的各个能力中，流量承接能力属于主播的核心竞争能力，因此该方面的培训是未来主播培训的重点。但是流量承接能力培养难度大，需要主播不断学习，在工作中不断总结方法才能够不断提升自己的流量承接能力。主播岗位能力的阐释见表 2-2。

表 2-2　主播岗位能力的阐释

能力	能力阐释
流量承接能力	● 明晰品牌定位及其粉丝群体定位，能够将账号已有粉丝流量转化为消费用户。 ● 能够承接各渠道（广告投放、信息流投放等）流量，将其转化为粉丝流量与消费用户
形象管理能力	● 能够在镜头前展现较为合适的形象。 ● 能够根据品牌风格包装自我形象
买点提炼能力	● 对带货商品有较为全面的了解，能够对产品卖点进行概括输出
互动控场能力	● 能够把握直播节奏。 ● 能够及时回复粉丝提问，并展开话题互动。 ● 能够冷静应对突发事件
个性感染能力	● 拥有一定的镜头表现力。 ● 拥有明显个性特征和特定语言风格
心理抗压能力	● 能够坚持长时间直播，适应临时加班、早晚班等作息调度。 ● 面对直播间负面评价、负面言论时，能够管理个人情绪，顺利完成直播
学习调整能力	● 能够不断总结复盘直播过程，学习并完善直播技能。 ● 能够根据直播效果和反馈调整个人表现以达到直播目标

2. 直播运营岗位及能力

直播活动多以带货为主，而如何策划出差异化的直播内容是运营岗位面临的难题。从业人员提到"没有创意""没有灵感"等与内容策划相关的问题，因此该岗位的内容策划能力是相对弱项。直播运营岗位能力需求的阐释表2-3。

表2-3 直播运营岗位能力需求的阐释

能力	能力阐释
直播内容策划能力	● 能够根据账号特征、品牌特征等进行直播创意环节及流程策划。 ● 能够进行直播脚本（文案）策划
控场协调能力	● 具备现场导演能力，在现场能够调度产品上下架，改价，保障直播间的玩法策略实施。 ● 参与调节直播气氛，配合主播进行产品讲解，帮助主播完成直播和互动
数据分析能力	● 直播期间能够记录跟进直播间粉丝问题及需求，进行数据统计分析与监测。 ● 直播结束后能够对直播数据进行汇总、整理、分析，并提供反馈报告和优化建议
直播活动策划及运营能力	● 了解账号所在平台发布的规则及活动玩法，了解平台流量逻辑。 ● 能够策划并执行直播活动，联动技术、产品人员完成活动开展。 ● 能够对活动效果进行总结复盘，并持续优化活动运营计划
粉丝运营能力	● 协助主播与粉丝进行互动，答疑，提升互动频次，维持互动秩序。 ● 能够通过直播数据复盘，进行粉丝画像分析，跟进粉丝需求，完善直播运营策略

3. 选品岗位及能力

选品岗位的工作与传统采购岗位类似，因此直播选品岗位的能力要求延续了传统采购的能力要求。选品岗位及能力需求的阐释见表2-4。

表2-4 选品岗位及能力需求的阐释

能力	能力阐释
品控能力	● 能够对货品质量、品类、卖点等方面进行全方位评估、筛选，鉴别出优质货品。 ● 对电商爆款产品有一定敏感度
达人选配能力	● 能够根据特性、风格将货品与主播/达人进行对应匹配，使达成合作共识。 ● 能够使主播/达人与品牌之间达成长期稳定合作
市场洞察力	● 了解并掌握行业最新动态及货品流行趋势，能够发掘有竞争力的新品。 ● 能对商品销售数据进行分析，并对产品周期与价格有趋势判断，优化商品选品方案
沟通协调能力	● 能够和内容运营团队进行沟通，根据内容运营数据分析结果反馈优化选品方案
谈判议价能力	● 掌握一定谈判技巧，能够与商家进行沟通谈判，争取优惠价格或粉丝福利

三、直播行业岗位职责与任职资格

1. 短视频营销岗位（见表 2-5）

表 2-5　短视频营销岗位职责与任职资格

所属团队	岗位角色	角色介绍	岗位职责	任职资格
1.1 客户服务	1.1.1 客户经理	拓展品牌方客户资源并达成合作	与品牌方客户进行对接，根据客户需求定制个性化短视频营销方案； 与客户建立良好的合作关系	具备较强的沟通能力，良好的客户开拓、服务能力； 具备互联网营销经验，熟悉商业化运营指标，具备优秀的分析和策略优化能力
	1.1.2 方案策略	提供短视频社交平台的整合营销方案	根据客户需求，定制短视频营销策划方案和战略计划； 负责整体创意构思、方案撰写、客户提案等，提升品牌影响力及客户的认可度	具备较强的沟通能力、策划能力、提案能力以及团队协调与合作能力； 拥有优秀的创意策划能力、市场洞察力以及内容整合能力
1.2 短视频策划	1.2.1 项目经理	与项目客户对接需求，完成项目交付	负责项目交付需求，与项目客户进行紧密的沟通和协作； 明确项目定位，按照项目方案制定运营计划，对接客户服务团队与内容制作团队，提升内容质量，实现内容运营流量目标，对目标结果负责	具备短视频运营和项目管理工作经验，熟悉主流平台短视频运营规则； 具备产品成本意识和项目时间管控能力，具备良好的判断决策能力和数据分析能力
	1.2.2 文案策划	策划短视频内容并撰写文案	负责短视频内容的创意策划工作； 负责分镜头脚本编写； 协同后期完成拍摄和制作	具备短视频选题策划和脚本撰写能力； 具备营销思维，精通短视频社区的运营技巧，熟知短视频平台特性、用户喜好、内容玩法
1.3 短视频策划	1.3.1 导演	负责短视频的策划与执导	根据策划对具体视频执导； 对短视频制作的各环节进行整体统筹把控，并根据项目需求进行策略调整和内容改善	具备统筹协调和对内容把关的能力； 熟悉短视频导演工作方法，熟悉平台，具有良好的策划能力、执行能力

续表

所属团队	岗位角色	角色介绍	岗位职责	任职资格
1.3 短视频策划	1.3.2 摄像	根据内容策划进行短视频拍摄	根据创意脚本和前期人员的需求进行拍摄	具备拍摄器材使用能力；熟悉短视频平台的玩法和基础技巧，具备一定创新意识和审美能力
	1.3.3 灯光	短视频拍摄时打光或调整光线	负责调控灯光，布置场景和道具陈列	具备灯光器材使用能力，熟悉拍摄及视频制作流程
	1.3.4 录音	为短视频进行录音和音频制作	负责短视频前期录音、修音、音效设计工作，管控录音过程，保证录音质量	具备现场录音以及后期音频编辑能力，熟练掌握各类音频剪辑软件
	1.3.5 制片	负责短视频拍摄的总体筹备、拍摄保障、预算控制等	根据短视频项目组建摄制团队，统筹内容设置的全环节工作；严格执行制片计划及制片预算，跟踪制作过程，保障进度，确保短视频质量	熟悉短视频前期筹备、中期后期制作全部流程及成本；具备团队协作意识和综合统筹能力，能够协调内外部资源
	1.3.6 达人	在短视频中出镜表演或进行知识分享	参与短视频选题内容策划与出镜拍摄的工作	形象气质佳，具有一定的镜头表现力，具备表演能力，擅长角色演绎；对某一垂类具有专业知识
	1.3.7 助理	协助达人开展日常工作	负责管理协调达人日常工作和相关活动	具有良好的沟通表达能力和应变能力，需要较强的责任感
	1.3.8 化妆师	完成短视频人物的整体和妆面造型	根据不同的拍摄方案要求，设计不同的造型；完成人物的化妆、发型、服装、配饰等整体形象设计	熟练掌握化妆知识及操作程序；具有创新意识、时尚感，对化妆造型、发型样式、服装风格等有独特设计和创意
	1.3.9 剪辑	为拍摄的短视频做剪辑	负责短视频后期制作，根据视频脚本进行剪辑	具备视频剪辑软件使用能力；熟悉短视频后期工作流程，有创意和剪辑思路，会基础的摄影摄像，有较强的审美能力

续表

所属团队	岗位角色	角色介绍	岗位职责	任职资格
1.3 短视频策划	1.3.10 特效	为短视频做调色、渲染、特效等工作	负责短视频三维特效技术实现；带领后期团队研发包装模板、视觉特效等	熟悉短视频后期工作流程，熟练使用三维软件制作影视级特效；具有一定的美术功底及审美能力
	1.3.11 配音	为短视频做音乐及后期配音	能够准确地理解脚本，完成短视频旁白及角色配音录制任务；配合后期做好录音准备和后期合成工作	普通话（或某一方言）标准，声音条件好或者有特色，可以配出多种声线；具备较好的团队协作能力
	1.3.12 合成	为短视频做后期合成工作	完成后期合成镜头的制作，与后期团队沟通协作	熟悉短视频后期工作流程，熟练使用特效合成制作相关软件；具有一定的美术功底及艺术鉴赏力
1.4 短视频策划	1.4.1 媒介	负责媒介投放，提升视频播放量、用户转化量等数据	负责账号的日常投放包括需求对接、预算控价、内容把关；实时跟踪投放数据及评估效果，对引流和转化结果负责	熟悉新媒体平台推广形式，具备媒介投放经验和流量获取能力；具备数据敏感度和分析能力；对网络热点敏感，熟悉新媒体传播
	1.4.2 粉丝运营	维护社群成员和达人的关系	负责社群成员增长及社群活动策划和执行；维护达人和社群成员间关系，强化达人和社群成员黏性	做事认真负责、沟通能力和执行能力强，快速处理各种社群问题；熟悉使用社区和社交媒体
	1.4.3 账号运营	负责视频账号的日常运营,提升关注数和短视频播放数	对短视频曝光数据、账号涨粉情况等数据负责；对各平台运营数据进行监控，并作出相应数据分析，建立有效运营及传播手段	对短视频各类内容敏感，对当下热词、热点敏感；熟悉短视频平台机制、运营策略等

2. 直播电商岗位（表 2-6）

表 2-6 直播电商岗位职责与任职资格

所属团队	岗位角色	角色介绍	岗位职责	任职资格
2.1 招商选品团队	2.1.1 品牌商务拓展	拓展供应商合作	挖掘优质品牌及商家，做好商品整合和商家对接工作；实施产品和价格洽谈，维护和商家的关系	具备对市场上优质商品的敏锐嗅觉、招商谈判能力以及针对品牌商、渠道商的谈判能力
	2.1.2 商务合作	开拓主播和达人资源	负责主播和达人的挖掘、洽谈和签约工作	具备较强的沟通能力，了解直播生态，具有主播资源和发掘能力
	2.1.3 选品专员	对所招募的商品进行使用、评估、筛选	负责对比测评各品类商品的性能、外观、使用体验等；研究产品卖点，协助主播及团队理解商品	具备选品技巧和品控能力、解读各类产品的适用环境与场景的专业能力
	2.1.4 合规专员	负责供应商审核和商品合规管理	研究商品成分、特点与潜在风险，确保商品合法合格销售；对供应商的资质进行审核，保证商品来源合法安全；跟踪在售商品的质量反馈情况	法律法规相关专业人才；具备风险意识，熟悉市场监督管理和监管政策
2.2 直播策划团队	2.2.1 项目经理	与项目客户对接需求，完成项目交付	负责项目交付需求，评估交付成本和交付风险，确保项目成功交付，与项目客户进行紧密的沟通和协作；搭建直播团队，梳理直播工作流程，制定直播方案，制定考核方案	具备团队搭建和管理能力；有直播机构运营和管理工作经验，熟悉主流平台直播运营规则；具备产品成本意识和项目时间管控能力，具备良好的判断决策能力和数据分析能力
	2.2.2 台本策划	策划直播间台本	负责直播选题策划，负责直播间产品的卖点策划，包括整体方案、产品亮点提炼、撰写主播直播脚本和营销活动相关文案	能够把握用户心理，具备文案功底，熟悉电商直播内容和直播间粉丝玩法

续表

所属团队	岗位角色	角色介绍	岗位职责	任职资格
2.2 直播策划团队	2.2.3 活动运营	策划直播活动	负责电商直播业务前、中、后各环节活动策划，结合节日、热点事件等，策划制定活动主题；结合用户特性，建立活动运营体系，组织各类用户活动	具备活动策划能力、分析规划能力，思路开阔，乐于尝试新的理念和方法；具备团队合作精神，沟通、表达、执行、协作能力
2.3 直播团队	2.3.1 导演	在大型电商直播中协调直播流程、保证直播效果	统筹直播和直播预告的拍摄录制，负责现场的调度与控制，创意研发电商直播模式，规划直播排期，控制直播进程、进度、商业执行	独立推动整场直播进程，熟悉平台直播运营环境，具备现场组织能力和团队管理经验；创新思考力强，对直播趋势和受众需求有认知
	2.3.2 制片	在大型电商直播中负责总体筹备、保障进度、控制预算	负责筛选制作团队，统筹内容设置的全环节工作；严格执行制片计划及制片预算，跟踪制作过程，保障进度，确保直播质量	熟悉前期筹备、中期后期制作全部流程及成本；具备团队协作意识和综合统筹能力
	2.3.3 导播	在大型直播时调动和切换摄像机位	负责直播前设备调试，熟悉直播流程、摄像机布局、灯光布局，完成直播期间导播、跟机工作，保证画面切换质量	熟练使用摄影摄像设备；工作细致耐心，责任心、沟通能力、学习能力强
	2.3.4 主播	进行商品直播讲解及销售	负责直播中介绍、展示商品，与用户进行互动；负责直播后复盘，总结话术、情绪、表情、声音等	具备主播职业心态建立能力和形象包装能力，话术技巧运用能力；开朗、自信，拥有良好的镜头感；思维敏捷，沟通能力佳，具备较强的控场能力
	2.3.5 副播	协助主播进行补充讲解，回答直播期间相关问题	直播中负责协助主播介绍、展示商品，回答用户问题，带动直播间气氛；直播后协助复盘	熟悉直播流程、商品信息及脚本内容；性格外向、善于沟通、思维敏捷，具备较强的应变能力

续表

所属团队	岗位角色	角色介绍	岗位职责	任职资格
2.3 直播团队	2.3.6 直播控场	提升直播间粉丝活跃度和氛围，协调突发状况	负责直播节奏把控、直播间布置规划，调节氛围；负责直播前设备调试，产品上下架、改价、活动设置，页面信息的编辑，中控台操作；关注直播现场情况，及时解决直播突发问题	具备直播间场景搭建能力；熟悉中控台控制，应变能力强、思维反应敏捷
	2.3.7 直播运营	从整体上进行直播策划和数据提升	负责对转化率、销售额等日常直播数据、活动运营数据进行分析统计，从达人和品牌角度出发，总结和分析产品及活动中的问题，及时调整运营策略并推动落地，给予主播直播建议；研究用户需求和转化特征，促进直播间引流和转化，深入理解选品、营销活动、补贴政策等对交易转化的影响因素，驱动运营节奏，保证商品销售转化	具备直播运营能力；熟悉直播卖货规则，懂直播行业营销手法；对数据敏感，懂流量运营规则，对市场动态敏感，具备市场分析、判断能力；具备团队管理及策划能力、跨部门沟通及外部资源整合能力，有电商直播或新媒体经验
	2.3.8 直播运营	负责投放，提升直播间ROI（Return On Investment，投资回报率）	负责直播过程中的投放工作，流量检测、监控及追踪，通过数据分析进行投放优化，调整推广策略，对ROI数据负责，根据主播沉淀能力准确评估投放量	拥有直播投放经验，熟悉短视频平台及其他媒介；具备较强的逻辑思维和数据分析能力
	2.3.9 运营助理	协助直播运营开展工作	直播日常运营和维护等协助性工作，包括直播排期、直播内容、活动策划及素材优化等	具备沟通协调能力、责任心和团队合作意识
2.4 直播后期团队	2.4.1 售前客服	用户下单前解答问题	及时解答买家问题，判断买家需求，解决买家顾虑，引导销售，提升主播形象；基于客户反馈的问题和需求进行统计分析，提出建议推动问题解决，提升用户满意度	熟悉办公软件操作，打字速度快；抗压能力、沟通能力强，有耐心

续表

所属团队	岗位角色	角色介绍	岗位职责	任职资格
2.4 直播后期团队	2.4.2 售后客服	用户下单和收货后解答问题	受理顾客售后阶段工作，如物流、售后等客诉问题；跟进客诉处理情况，处理顾客退货退款申请，维护与顾客之间良好的关系	熟悉办公软件操作，打字速度快；抗压能力、沟通能力强，有耐心
	2.4.3 粉丝运营	维护粉丝与主播黏性	负责直播粉丝群的维系，提高用户的参与度，增加粉丝黏性，建立高质量社群	粉丝运营与维护能力，粉丝需求分析能力；具备沟通能力、执行能力和团队管理能力
	2.4.4 账号运营	提升主播账号曝光度	负责提升主播账号的粉丝量、曝光度等数据，发布直播预告和剪辑直播内容	具备账号涨粉和转化能力；对网络热点敏感，了解各平台运营规则

3. 广告投放岗位（表2-7）

表2-7　广告投放岗位职责与任职资格

所属团队	岗位角色	角色介绍	岗位职责	任职资格
3.1 市场	3.1.1 品牌策略	根据客户的需求和定位制定品牌推广策略	负责对客户行业、品牌自身、用户需求等方面进行调研；负责服务客户的品牌规划、组织实施品牌推广策略及品牌发展策略；与创意策划共同完成项目策划案，包括项目创意说明、策略分析、竞品分析等；建立有效的分析、评估体系，保障品牌建设及推广效果	品牌意识强，具有提案能力和沟通技巧；具备创意想象力和较强的执行力，有良好的策略思考能力，能够独立撰写文案、注重细节
3.2 品牌广告	3.2.1 创意策划	根据品牌策略进行创意策划	了解客户品牌内涵，把握客户需求；根据品牌策略进行创意策划，与品牌策略共同完成项目策划案，包括项目创意说明、策略分析、竞品分析等；对策划方案的质量有掌控能力，包括创意、文字的准确传递	创意思维强，具有出彩的文案功底和原创写作能力；具有较好的沟通能力，良好的团队合作精神

续表

所属团队	岗位角色	角色介绍	岗位职责	任职资格
3.2 品牌广告	3.2.2 媒介渠道	选择合适的媒介渠道投放广告	负责与媒体联系，选择合适的媒体投放品牌广告；负责媒体合作与维护，撰写媒介策略，包括媒体合作策略制定，媒体关系拓展及维护，协助处理日常媒体合作工作，扩散品牌影响力	具有丰富的媒体资源和成熟的媒体整合能力；有较强的沟通能力和团队协作能力
	3.2.3 媒介采购	购买媒介渠道投放广告	负责媒介采购、结算工作，品牌广告投放期内保证项目顺利执行及结案；对项目预算、项目成本进行合理把控和分析	具备信息流采购经验，对竞价购买形式原理及执行流程有一定认知；具有较强的商务谈判能力与技巧；思路清晰，善于组织调动资源
3.3 投放岗位角色	3.3.1 广告执行	基于策略、创意做好活动执行、品牌推广工作	完成日常媒介执行工作；定期更新媒体资源，协调媒体关系；负责内容权益执行工作对接，项目上线流程跟进，广告上线的物料准备	具备执行能力、良好的沟通表达能力和团队协作能力；具有良好的项目执行能力、项目管理知识，熟悉活动运作流程及各个环节
	3.3.2 广告投放优化师	负责广告投放，监测投放数据，促进产品销售	负责各推广平台的广告投放，并完成相关的竞价，提高用户访问量、产品销售量等数据；监测投放数据、产出数据分析报告，提炼优化方案并推进执行；优化推广成本，有效控制预算，使投放效果达到最大化	结果导向，思路清晰，对数据和细节敏感，具有出色的逻辑思维能力

4. 其他岗位（表2-8）

表2-8 其他岗位职责与任职资格

所属团队	岗位角色	角色介绍	岗位职责	任职资格
4. 达人经纪	4.1 达人孵化	挖掘优质达人资源并进行孵化	负责在不同平台挖掘有潜力的达人、发展达人签约； 解答达人签约孵化期间的问题并维护达人关系	熟悉达人孵化模式，能独立完成达人的拓展维护以及资源置换、资源拓展等； 拥有较强的沟通谈判能力，具备目标感和责任感
	4.2 达人经纪	对签约达人进行商务及内容运营	拓展达人资源并达成合作，维系与达人的关系； 配合内容团队对达人在内容品类、人设定位、商务拓展等方面进行统筹规划，从而提升达人热度	具备较强的沟通能力，了解短视频达人生态和达人运营模式； 具备运营思维，精通短视频社区的运营技巧，对数据有敏感度
	4.3 达人商务	拓展达人的商务资源，实现商业变现	深度挖掘符合达人定位、调性的各类品牌客户，拓展商务资源； 维护品牌客户资源，执行并完成达人相关的商务工作，包括前期沟通、商务谈判、制作合作方案，保证广告项目的顺利进行	具有很强的商务开拓能力、优秀的谈判沟通能力、时间管理能力及较强的抗压能力； 熟悉互联网媒体和广告的相关运作模式及流程，具备资源整合能力
5. 培训团队	5.1 课程研发	课程设计、研发	负责短视频和直播培训课程的课程策划； 与讲师、课程需求方研讨课程方向，完成课程内容生产、课件制作、课程录制和教学环节设计	拥有培训行业工作经验，有独立策划和研发课程经验，有独立选题能力； 逻辑思维能力强
	5.2 课程运营	课程包装宣传及交付	与培训团队、讲师沟通； 组织培训实施； 对培训课程进行包装宣传	具备良好的组织能力、跨部门沟通能力
	5.3 培训讲师	培训短视频及电商行业的从业人员	负责短视频、直播、主播及流量投放方向的技能培训； 参与课程讨论和内容策划，配合课程研发团队完成课程迭代升级； 根据学员、市场的课程反馈，改进教学方法，完善教学体系	有相关的行业从业经验； 表达能力强，现场把控能力强，逻辑思维能力和学习能力强

续表

所属团队	岗位角色	角色介绍	岗位职责	任职资格
6. 研究团队	6.1 项目研究员	针对项目进行整体把关研究	负责统筹品牌、渠道、用户等方向的项目，设计项目研究思路、研究内容，选择合适的研究方法，撰写项目报告；参与项目全程，负责项目流程管理，质量控制，做好内部协调沟通工作，撰写项目报告	具备市场研究经验，拥有定量或定性研究方法的研究经验；具备技术学习和创新能力，熟练掌握市场研究技术以及一种以上的分析方法（定量、定性等），熟练使用统计软件（SPSS、SAS等），具备良好的逻辑思维能力；有较强的学习能力、团队合作精神
	6.2 行业研究员	负责对整个直播行业动向进行调查研究	负责对行业、公司和产业园的深入研究，对行业环境、行业现状、竞争格局、相关政策深度研究，判断行业发展趋势与前景，形成行业研究报告；参与市场需求调研、资料收集、数据分析，并根据客户需求设计方案	具备市场研究、行业研究经验；具有较强的逻辑分析能力、数据统计能力和信息挖掘能力，擅长定量、定性等多维度数据分析方法；有较强的学习能力、团队合作精神
	6.3 数据分析师	研究项目，提供数据支持	负责项目的数据分析；敏锐洞察直播市场、关注行业动态和客户诉求，对行业数据进行深入挖掘，为项目提供决策支持	统计学、数学、经济学等相关专业，熟练掌握至少一种编程语言；熟悉常用数据统计和分析方法，具有相关领域较深入的技术应用的经验和能力；拥有良好的逻辑思维能力，具备数据敏感度
7. 职能团队	7.1 行政	完成公司日常运营保障	负责办公用品和相关设备采购等管理工作；负责公司会议的准备接待工作；负责公司行政事宜和日常行政事务，维护公司环境	熟练使用相关办公软件，沟通能力和服务意识强；有较强的学习能力，具有团队合作精神

续表

所属团队	岗位角色	角色介绍	岗位职责	任职资格
7. 职能团队	7.2 人事	管理公司人事工作	负责人员的招聘及办理入离职手续，考勤薪资管理；负责入职员工的培训和员工劳动关系管理；完善公司薪酬制度，包含薪酬结构、绩效考核等	熟练使用相关办公软件，沟通能力和团队合作能力较强；有较强的学习能力，具有团队合作精神
	7.3 财务	从事财务管理工作	负责公司现金收付和银行结算，编制资金报表；编制记账凭证，出具财务报表；负责税务申报和办理银行相关事宜；负责公司财务制度建设、会计核算、资金管理、预算及成本费用管理和风险管控	熟练操作财务软件，熟悉会计报表的处理和银行业务办理流程；具备日常现金管理能力，以及银行的收支、核算、记账、票据审核的能力；具有良好的职业操守及团队合作精神
	7.4 法务	负责公司法律事务	负责合同和其他法律文件的审查、起草、修订，识别重大风险，提出法律意见；负责处理法律纠纷，与行政、司法等相关部门及时沟通协调；参与日常业务与人事管理的合法合规与风险控制工作	熟悉合同法、公司法、资本市场等相关法律法规；责任心强，具有良好的沟通理解能力和文字写作能力；具备法律职业资格证书
	7.5 品牌公关	塑造企业品牌形象	制定公司品牌公关方向发展战略，策划和组织品牌公关活动；开拓和维护媒体资源，组织媒体报道	沟通能力和文案能力出色；创意性强，有媒体合作资源
	7.6 平面设计	满足短视频与直播实施过程中的平面设计需求	负责视觉设计工作，提取产品或活动特色及卖点，设计宣传海报；把控设计质量，跟进实现效果，挖掘用户诉求，根据用户及数据反馈提升设计，输出设计方案	精通各类设计软件，独立完成设计需求；具备营销设计思维；具备审美能力，保持设计的敏锐度

任务二　直播间的搭建

直播间的环境布置直接影响着直播画面的整体呈现效果,影响着用户的观看体验。一个整洁、干净、具有代入感的直播间能让用户在观看直播时产生沉浸感,刺激用户产生消费的欲望。

一、直播设备的配置

直播设备的配置

直播设备是打造高质量直播的硬件保障,在直播之前,直播运营人员需要优选直播设备,并将各种设备预先调试到最佳状态。根据直播环境和场景的不同,直播可以分为室内直播和室外直播两种。直播场地不同,所选的直播设备也有所不同。

(一) 室内直播常用设备

通常来说,室内直播的常用设备主要有以下几种。

1. 手机

智能手机是直播带货的基础,手机的摄像头和麦克风可以让主播实时展示商品并与观众互动。建议准备两台手机,一台用于直播,一台用于查看直播弹幕。

2. 相机

如果想要更高清的直播画面,可以选择一台专业相机。不过,选择相机之后需要考虑到其他配件的问题,比如麦克风、三脚架等。

3. 麦克风

除了视频画面,直播时的音质也直接影响直播的质量,所以麦克风的选择也非常重要。

4. 声卡

声卡是直播时使用的专业的收音和声音增强设备。一台声卡可以连接 4 个设备,分别是话筒、伴奏用手机或平板电脑、直播用手机和耳机。

5. 灯光设备

为了调节直播环境中的光线效果,直播间需要配置灯光设备,如图 2-5 所示为八角补光灯和环形补光灯。对于专业级直播来说,直播间则需要配置专业的灯光组合,如柔光灯、强光灯、无影灯、美颜灯等,以打造更加精致的直播画面。

6. 计算机与网络环境

直播带货需要不间断地推介商品,需要使用高质量的相机和麦克风来传输图像和声音,因此,需要使用一台性能稳定、配置不错的计算机。同时,顺畅地进行直播需要高速网络环境作为保障。

图 2-5　八角补光灯和环形补光灯

7. 支架

支架用来放置摄像头、手机或话筒，它既能解放主播的双手，让主播可以做一些动作，又能增加摄像头、手机、话筒的稳定性。

8. 绿幕

绿幕，即绿色背景幕布，是一种常用的设备，可以将演播室的背景变为任意场景，如欧洲小镇等。使用绿幕需要注意，场景不能过于繁杂，否则容易造成过度干扰和画面混乱。

绿幕场景示意

（二）室外直播常用设备

现在有越来越多的主播选择到室外进行直播，以求给用户带来不一样的视觉体验。室外直播面对的环境更加复杂，需要配置的直播设备主要有以下几种。

1. 手机

手机是室外直播的首选，但不是每款手机都适合做室外直播。进行室外直播的手机，CPU（中央处理器）和摄像头配置要高。只有 CPU 性能够强，才能满足直播过程中的高编码要求，也能解决直播软件的兼容性问题。

2. 收音设备

室外直播时，如果周围的环境比较嘈杂，就需要外接收音设备来辅助收音。收音设备分为两种：第一种是蓝牙耳机；第二种是外接线缆，比较适合对多人进行采访时使用。

3. 上网流量卡

网络是室外直播首先要解决的问题，因为它对直播画面的流畅程度有着非常直接的影响。如果网络状况较差，就会导致直播画面出现卡顿现象，甚至出现黑屏的情况，这会严重影响用户的观看体验。因此，为了保证室外直播的流畅度，主播要配置信号稳定、流量充足、网速快的上网流量卡。

4. 手持稳定器

在室外做直播，主播通常需要到处走动，一旦走动，镜头就会出现抖动，这样必定会影响用户的观看体验。虽然有些手机具有防抖功能，但是防抖效果有限，这时需要主播配置手持稳定器来保证拍摄效果和画面稳定。手持稳定器如图2-6所示。

5. 自拍杆

使用自拍杆能够有效避免"大头"画面的出现，从而让直播画面呈现得更加完整，更具有空间感。就室外直播来说，带美颜补光灯的自拍杆和能够多角度自由翻转的自拍杆更受欢迎。

6. 移动电源

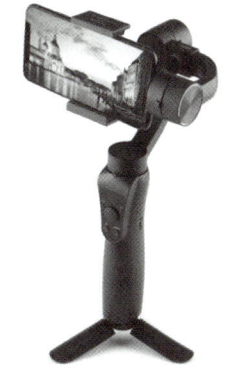

图2-6 手持稳定器

目前直播的主流设备是手机，手机的便携性大大提高了直播效率，但通过手机进行移动直播时，手机的续航能力面临极大的考验，因此移动电源是辅助移动直播的必备设备。经实测，直播手机电量剩余50%左右时就必须开始对手机进行充电，以剩余电量的续航时间换取充电时间，满足后续直播用电，以免直播因电量不足而中断。

二、直播场地的布置

直播场地的布置

直播需要一个场地，这个场地可能是实体店的一个角落，也可能是一个专门搭建的直播间。无论场地面积大小、现状如何，直播运营团队都要做好场地的布置。

（一）直播场地的基本要求

直播场地分室内和室外两种。场地不同，直播运营团队需要关注的要点也有所不同。

1. 室内直播场地的基本要求

直播运营团队选择室内场地直播时，需要考虑以下几个方面。

① 场地隔音效果良好，能够有效避免杂音的干扰。

② 场地有较好的吸音效果，能够避免在直播中产生回音。

③ 场地的光线效果好，能够有效提升主播和商品的美观度，降低商品的色差，提高直播画面的视觉效果。

④ 如果直播中需要展示一些体积较大的商品，如钢琴、冰箱、电视机等，要注意场地的深度，如果场地深度不够，在拍摄商品时可能会因为摄像头距离商品太近，而导致直播画面不能完整地展示商品，或者出现直播画面不美观的情况。

⑤ 如果直播中需要使用顶光灯，则要考虑场地的高度，要保证场地的高度能够给顶光灯留下足够的空间，避免顶光灯因位置过低而入镜，影响直播画面的美观度。

⑥ 为了避免直播画面过于凌乱，在直播时不能让所有的商品同时入镜。因此，在直播商品较多的情况下，直播间要留出足够的空间放置其他待播商品。此外，有些直播

间会配置桌椅、黑板、花卉等道具，也要考虑为这些道具预留空间。

⑦ 有些直播中除主播外还会有副播、助理等人员，所以直播运营团队在选择场地时也要考虑为这些人员预留出工作空间。

2. 室外直播场地的基本要求

室外场地比较适合直播体型较大或规模较大的商品，或者需要展示货源采购现场的商品，例如，在码头现场挑选海鲜等。直播运营团队选择室外场地直播时，需要考虑以下因素。

① 室外的天气情况，一方面要做好下雨、刮风等事件的应对措施，另一方面要设计室内直播备用方案，避免在直播中遭遇极端天气而导致直播延期。另外，如果选择在傍晚或夜间直播，还需要配置补光灯。

② 室外场地不宜过大，因为在直播过程中主播不仅要介绍各类商品，还要回应用户提出的一些问题。如果场地过大，主播容易把时间浪费在行走上。

③ 对于室外婚纱照拍摄之类的对画面美观度要求较高的室外直播来说，一定要保证室外场地的美观，而且场地中不能出现杂乱的人流、车流等。

（二）直播场地区域划分

一个规划合理的直播场地，通常包括直播区、后台区、商品摆放区，以及其他区域，不同区域有不同的功能和大小，见表2-9。

表2-9　直播场地区域划分

场地区域	功能	区域大小
直播区	主播和副播直播区域，展示直播间背景、直播商品、道具	5平方米左右，商家可以根据直播商品体积大小来灵活调整
后台区	直播幕后工作人员所在区域，放置直播使用的计算机、摄像头等设备，以及直播辅助工具	5平方米左右，最好设置在离主播不远的地方，便于及时为主播提供协助
商品摆放区	摆放直播中需要讲解的商品样品。如果商品数量较多，则需要安排货架，将商品按照类别整齐地归置好，以便让幕后工作人员在最短的时间内找到所需的商品	10平方米左右，商家可以根据商品体积大小和数量来调整
其他区域	主播试衣间，或者放置其他搭配品的场地	商家可以根据需要灵活设置场地区域大小

（三）直播间背景布置

直播间的背景布置要遵循简洁明了的原则，背景不抢主播的风头。一般来说，直播间的背景颜色以浅色或纯色为宜，如灰色、米色、棕色等。商家可以在背景墙上添加店铺或主播的名字，或者品牌的标志（Logo），让直播间更具辨识度。如果商家觉得背景墙的画面太单调，可以在直播间里适当地摆放一些其他摆件，如沙发、绿色植物等。商家在选择摆件时也要遵循简洁明了的原则，所选择的摆件要与直播间背景的风格相契合。

（四）直播间灯光布置

直播间的灯光布置也非常重要，因为灯光不仅可以营造气氛，塑造直播画面风格，还能起到为主播美颜的作用。直播间常见的灯光配置包括主灯、辅灯、顶灯和商品灯。

1. 主灯

主灯为主播正面提供光源，应该正对着主播的面部。这样会使主播面部的光线充足、均匀，并使面部肌肤显得柔和、白皙。

2. 辅灯

辅灯是为主播的左右两侧提供光源，增加主播整体形象的立体感，让主播的侧面轮廓更加突出。一般来说，一个主灯会配置两个辅灯，分别位于主播的左右两侧。

3. 顶灯

顶灯是从上往下进行照射的灯光，它能为直播间的背景和地面增加照明，能够让主播的颧骨、下巴、鼻子等部位的阴影拉长，让主播的面部产生浓重的投影感，有利于主播轮廓的塑造。顶灯安装的位置距离主播的头顶最好在2米左右。

4. 商品灯

主播在讲解商品的过程中，有时需要将商品拿至镜头前面对商品进行特写，以向用户展示商品的细节。因此，商家可以在摄像头的旁边增加一个环形灯或柔光球作为商品灯，让商品在特写展示时也不失光泽，具有吸引力。

商家可以参考图2-7所示的灯光配置模式来布置直播间的灯光。

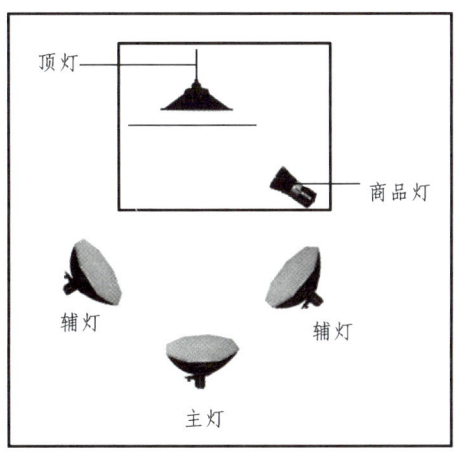

图2-7 直播间灯光布置建议

任务三　直播流程策划

一场直播的时间一般比较长，在直播之前制作合理的直播流程规划可以帮助主播更好地控制直播节奏，保障直播的顺利进行。

一、常见的商品讲解流程

在直播电商中，直播的主要内容就是主播通过向用户逐一讲解商品，将商品销售出去。目前，主播们在讲解商品时经常采用的流程主要有两种，即"循环式"流程和"过款式"流程。

（一）"循环式"流程

"循环式"流程，就是指主播在直播中循环介绍直播间里的商品。假如在一场直播中主播要推荐4款商品，那么主播可以以30～40分钟为一个周期，将4款商品在一场130分钟的直播里循环3～4遍。表2-10所示为一场时长为130分钟的"循环式"流程示例。

表2-10　"循环式"流程示例

时间安排	直播内容
20:00—20:10	热场互动
20:10—20:40	介绍本场直播中的三款主推款商品
20:40—20:50	介绍本场直播中的一款"宠粉"款商品
20:50—21:20	介绍本场直播中的三款主推款商品（第一次循环）
21:20—21:30	介绍本场直播中的一款"宠粉"款商品（第一次循环）
21:30—22:00	介绍本场直播中的三款主推款商品（第二次循环）
22:00—22:10	介绍本场直播中的一款"宠粉"款商品（第二次循环）

（二）"过款式"流程

"过款式"流程，就是指主播在直播中按照一定的顺序一款一款地讲解直播间里的商品。由于一场直播持续的时间较长，直播期间会不断地有用户离开直播间，也会不断地有新用户进入直播间。因此，在直播结束前的20分钟左右，主播可以将本场直播中的所有商品再快速地过一遍，这样不仅可以让新进入直播间的用户了解本场直播中的各款商品，还可以通过"捡漏"形成一些订单，以提升本场直播的成交额。表2-11所示为一场时长为两个小时的"过款式"流程示例。

表2-11 "过款式"流程示例

时间安排	直播内容
20:00—20:10	热场互动
20:10—20:40	介绍本场直播第一款商品
20:40—20:50	介绍本场直播第二款商品
20:50—21:20	与用户互动环节
21:20—21:30	介绍本场直播第三款商品
21:30—22:00	介绍本场直播第四款商品
22:00—22:10	再次将本场直播中所有商品快速地介绍一遍

二、直播脚本的策划

优质的直播脚本能够帮助主播把控直播节奏,保证直播流程的顺利进行,达到直播的预期目标,并将直播效果最大化。

直播脚本的策划

(一)整场直播活动脚本设计

整场直播活动脚本是对整场直播活动的内容与流程(表2-12)的规划与安排,重点是规划直播活动中的玩法和直播节奏。直播活动脚本示例见表2-13至表2-15。

表2-12 直播活动流程

直播脚本要点	说明
直播主题	从用户需求出发,明确直播的主题,避免直播内容没有营养
直播目标	明确开直播要实现何种目标,是积累用户,提升用户进店率,还是宣传新品等
主播介绍	介绍主播、副播的名称、身份等
直播时间	明确直播开始、结束的时间
注意事项	说明直播中需要注意的事项
人员安排	明确直播参与人员的职责。例如,主播负责引导关注、讲解商品、解释活动规则;助理负责互动、回复问题、发放优惠信息等;后台/客服负责修改商品价格、与粉丝沟通转化订单等
直播的流程细节	直播的流程细节要非常具体,详细说明开场预热、商品讲解、优惠信息、用户互动等各个环节的具体内容、如何操作等问题,例如,什么时间讲解第一款商品,具体讲解多长时间,什么时间抽奖等,尽可能把时间都规划好,并按照规划来执行

表 2-13　直播脚本示例一

零食直播脚本	
直播时间	××××年××月××日 18:00—21:00
直播标题	零食大特卖
直播预热	平台内：预热小视频4个
通场利益点	为粉丝谋福利

序号	时间点	时长	类别	产品名称	产品单价	优惠结构	规格	互动方式	直播内容
1	18:00	10分钟	开场	介绍本场直播内容流程/预热					
2	18:10	10分钟	小零食	薄脆香芋片	14.9元	领取5元优惠券，第二件8.9元，第三件7.9元	100 g/袋	粉丝互动	产品介绍
3	18:20	10分钟	小零食	猪肉脯	29元		250 g/袋		产品介绍
4	18:30	10分钟	小零食	蛋黄酥	34.9元		6个/盒		产品介绍
5	18:40	10分钟	小零食	坚果列巴	29.9元	第一件领券24.9元（5元券），第二件立减10元	666 g/箱		产品介绍
6	18:50	10分钟	小零食	鸭脖	23.9元	23.9元/一袋 28.9元/二袋 29.9元/三袋	180 g/袋		产品介绍
7	19:00	10分钟	小零食	麻辣零食礼包	39.9元	买一箱送一箱，直播领券3元	8包/箱（400 g）		产品介绍
8	19:10	10分钟	小零食	黄鱼酥	49.8元	直播领券10元	60 g×3包		产品介绍

表 2-14 直播脚本示例二

直播活动概述	
直播主题	冬季护肤小课堂
直播目标	"吸粉"目标：吸引10万观众观看；销售目标：从直播开始至直播结束，直播中推荐的三款新品销量突破10万件
主播、副播	主播：×××（品牌主理人、时尚博主）；副播：×××
直播时间	2020年12月8日 20:00—22:30
注意事项	① 合理把控商品讲解节奏； ② 适当延长对商品功能的讲解时间； ③ 注意对用户提问的回复，多与用户进行互动，避免直播冷场

直播流程				
时间段	流程安排	人员分工		
		主播	副播	后台/客服
20:00—20:10	开场预热	暖场互动，介绍开场截屏抽奖规则，引导用户关注直播间	演示参与截屏抽奖的方法；回复用户的问题	① 向粉丝群推送开播通知；② 收集中奖信息
20:10—20:20	活动剧透	剧透今日新款商品、主推款商品，以及直播间优惠力度	补充主播遗漏的内容	向粉丝群推送本场直播活动
20:50—21:10	讲解商品	分享冬季护肤补水的技巧，并讲解、试用第二款商品	配合主播演示商品使用方法和使用效果，引导用户下单	在直播间添加商品链接；回复用户关于订单的问题
21:10—21:15	福利赠送	向用户介绍抽奖规则，引导用户参与抽奖、下单	演示参与抽奖的方法	收集抽奖信息
21:15—21:40	讲解商品	讲解、试用第三款商品	配合主播演示商品使用方法和使用效果	在直播间添加商品链接；回复用户关于订单的问题
21:40—22:20	商品返场	对三款商品进行返场讲解	配合主播讲解商品；回复用户的问题	回复用户关于订单的问题
22:20—22:30	直播预告	预告下一场直播的时间、福利、直播商品等	引导用户关注直播间	回复用户关于订单的问题

表2-15 直播脚本示例三

直播阶段	预估时长	环节类型	产品/活动	卖点/方案	关键话术	备注
直播开场	5分钟	开场讲解	无	介绍本场直播内容/直播主题/粉丝互动	欢迎语/我是谁（特色/优势/背书）福利	
	5分钟	预热活动	优惠券活动	优惠券活动/店铺满减	点关注领取×元优惠券，下单立减	
直播过程	5分钟	宠粉引流款	商品选择	秒杀价9.9元，第二件立减5元	品牌：×××；卖点：露趾EVA材质、防滑、凉爽、居家、浴室；材质：EVA轻质高弹、柔软、防水；销量：近一月销量过万，一致好评、口碑信赖；价格：对比同类价格实惠，直播间宠粉价9.9元、两件再减5元 放心购：包邮、运费险、7天无理由退换	拿拖鞋举例
	5分钟	互动	优惠券活动	优惠券活动/店铺满减	点关注领取×元优惠券，下单立减	
	10分钟	主推利润款	商品选择	领取5元优惠券，第一件39元；店铺满69减10元	品牌：迪士尼；功能：拍照、录像；场景：家里、户外，如生日聚会、家庭旅游、记录成长可爱瞬间、翻阅重温温馨氛围；卖点：像素×××万、前后双摄、可充电、持久续航、易操作、卡通造型、多款选择、材质安全（权威认证保障）；口碑：很可爱、易操作、培养亲子关系、孩子喜欢、可自拍；价格：直播间福利价39元（领取5元优惠券）、店铺满69减10元 放心购：包邮、运费险、7天无理由退换	拿儿童相机举例

续表

直播阶段	预估时长	环节类型	产品/活动	卖点/方案	关键话术	备注
直播过程	5分钟	互动	抽奖活动	抽奖规则、奖品福利	引导用户参与抽奖、下单，演示参与抽奖的方法	
直播过程	10分钟	气质形象款	商品选择	领取20元优惠券，直播间价99元；店铺满199减50元	品牌：×××；功能：健身；场景：家里、办公室，不受空间限制；卖点：免安装肘撑、平板支撑、锻炼腹肌、两轮设计、更加稳定、材质安全（权威认证保障）；价格：直播间超值价99元（领取20元优惠券）、店铺满199减50元；放心购：包邮、运费险、7天无理由退换	拿健腹轮举例
直播过程	5分钟	互动	点赞有礼	点赞满5万截屏送礼品	引导用户参与点赞、下单，演示参与活动的方法	
直播结尾	5分钟	结尾活动	才艺展示	下播才艺展示	互动才艺展示：唱歌	
直播结尾	5分钟	结尾活动		感谢支持	引导关注、感谢支持、下期预告、剧透商品	

（二）直播中单品脚本的设计

单品脚本就是针对单个商品的脚本。在一场直播中，主播会向用户推荐多款商品，主播必须对每款商品的特点和优惠措施有清晰的了解，才能更好地将商品的亮点和优惠活动传达给用户，激发用户的购买欲。

直播运营团队可以将单品脚本设计成表格的形式，将品牌介绍、商品卖点、直播利益点、直播时的注意事项等内容都呈现在表格中。表2-16为某品牌商品的单品脚本，可以尝试提炼其卖点填入表2-17中。

表2-16 某品牌商品的单品脚本

商品宣传点	具体内容
品牌介绍	××品牌历史悠久，旗下商品销往全球50多个国家和地区，其中6个品类的商品市场占有率名列前茅

续表

商品宣传点		具体内容
商品卖点	用途多样	具有煎、焖、炸、煮、炒、烙等多种烹饪功能
	商品具有设计感	① 锅体内表面麦饭石色撒点工艺，时尚美观，耐磨耐用； ② 锅面光滑，烹饪食物不粘连、易冲洗； ③ 锅体为加厚铝合金基材，耐高温，经久耐用； ④ 锅体底厚壁薄，导热均匀； ⑤ 磁感应加厚复合锅底，燃气灶、电磁炉均可使用； ⑥ 手柄设计遵循人体工程学原理，手握舒适
直播利益点	"双十一"特惠提前享	今天在直播间内购买此款不粘锅享受"双十一"同价，并且赠送可视玻璃锅盖和不粘锅专用铲，下单备注主播名称即可
直播时的注意事项		① 在直播进行时，直播间界面显示"关注店铺"卡片； ② 主播引导用户关注、分享直播间等； ③ 主播引导用户加入粉丝群

表2-17　商品卖点提炼简表

序号	产品名字	产品卖点罗列	需求挖掘	场景故事	消费者顾虑	打消消费者顾虑	给到消费者的权益

三、直播营销话术的设计

在直播中，主播话术设计直接影响着直播间的商品销售效果。直播营销话术是商品特点、功效、材质的口语化表达，是主播促成商品成交的关键，也是吸引用户在直播间停留的关键，因此在直播电商中，巧妙地设计直播营销话术至关重要。设计直播营销话术时需要把握好以下要点。

直播营销话术的策划

1. 话术用词要符合规范

直播电商正朝着规范化的方向发展，一系列规范直播参与者行为的政策、法规相继出台，因此，主播的营销话术要符合相应的政策要求，在介绍商品时不能使用违规词，不能夸大其词。设计话术时要避开争议性词语或敏感性话题，以文明、礼貌为前提，既要让表达的信息直击用户的内心，又要营造出融洽的直播氛围。

2. 话术要具有专业性

直播话术的专业性体现在两个方面：一是主播对商品的认知程度，主播对商品认知得越全面、越深刻，在进行商品介绍时就越游刃有余，越能彰显自己的专业性，也就越能让用户产生信任感；二是主播语言表达方式的成熟度，同样的一些话，由经验丰富的主播说出来，往往比由新手主播说出来更容易赢得用户的认同和信任，这是因为经验丰富的主播有着更成熟的语言表达方式，他们知道如何说才能让自己的语言更具说服力。对于新手主播来说，在直播营销话术的专业性方面，需要重点关注三点：如何说才能让用户更容易理解，听得更舒服；如何说才能凸显自身的专业性，让用户更信服；如何说才能让自己的语言表达形成个人风格。

3. 话术要体现真诚

在直播过程中，主播不要总想着怎样讨好用户，而应该与用户交朋友，以真诚的态度和语言来介绍商品。真诚的力量是不可估量的，真诚的态度和语言容易激发用户产生共鸣，提高主播与用户之间的亲密度，这样用户才有可能配合主播做一些互动。

4. 话术要口语化，富有感染力

高成交率直播营销话术设计的重点是主播在介绍商品时语言要口语化，同时搭配丰富的肢体语言、面部表情等，这样主播的整体表现具有很强的感染力，更能够把用户带入描绘的场景中。

5. 直播话术框架

① 欢迎语，我是谁。（自身的特色、优势、背书+福利）介绍直播间、介绍自己、介绍直播福利等。例如：大家好！我们是华为官方旗舰店的直播间，今天我们给大家带来了××福利。

② 锁定人群，根据直播商品找准直播受众人群。

③ 找痛点，根据锁定的人群找出购买某类商品的痛点。

④ 说卖点，根据以上找到的痛点说出商品的卖点，正好能解决以上痛点。

⑤ 讲福利，直播间购买有什么福利。
⑥ 促单，打消用户下单的顾虑，可以说售后保障、送运费险等。

四、直播突发情况的处理

（一）技术故障

1. 直播中断

一般来说，造成直播中断的原因有两种，一是网络问题，二是直播内容违规，被直播平台处罚了。商家要先检查直播间所使用的网络是否在正常运行，如果是因为网络不稳定造成的直播中断，商家将直播间切换到网络稳定的区域进行直播就可以了。在条件允许的情况下，商家最好为直播间单独配置一条网线，以保证直播网络的畅通。如果商家检查网络后，确定不是因为网络问题造成的直播中断，就要考虑是不是直播中出现了违规内容被平台处罚了。商家可以登录直播账号进行确认，然后根据具体情况寻找解决方法。

2. 直播画面卡顿

造成直播画面卡顿的原因通常也有两种。一是网络较差，此种情况下，商家可参考前文给出的方法来解决。二是直播设备配置较差，无法带动直播。此时，商家需要更换配置更高的设备来支持直播。

3. 闪退

导致闪退的原因可能是设备内容被其他程序占用，也可能是设备本身内存空间不足。面对闪退，最好的处理方法就是退出当前直播然后再次登录。

（二）商品环节的问题

商品环节是直播电商中最核心的一个环节，直播中因商品环节的问题导致的突发状况也是最棘手的一类，稍有不慎就可能导致直播失败，甚至毁掉品牌或主播的声誉。在直播过程中，商品环节最常见的问题有质量问题、价格问题、链接问题。

1. 质量问题

这里所说的质量问题是指因为主播未了解清楚商品的性能、质量，或展示商品时操作失误而导致的问题。为了避免这些情况的出现，主播在选品过程中要选择有品质保障的商品。此外，主播要试用商品，详细了解商品的各项信息、商品的使用方法等，保证能在直播中向用户全面、正确地展示商品的信息和性能。

2. 价格问题

价格问题主要有两种表现。

第一种是主播在直播间内销售的商品的价格未做到保价，主播向用户表明直播间内某款商品的价格低于该款商品线下专柜价和线上旗舰店的价格，但是用户购买后发现并非如此，这种情况就会引起用户的不满。为了避免这种情况的发生，主播在与品牌方商谈直播商品价格时，最好向品牌方争取保价，确保品牌方在数月内不会以低于直播间价格的价格来销售商品。

第二种是用户支付的价格与主播在直播间内承诺的价格不相符。这种情况多是用户未正确领取优惠券或使用红包导致的。在直播的过程中，主播要向用户解释清楚如何领取和使用优惠券、红包才能以直播间的价格购得商品，并向用户展示领取和使用优惠券、红包的方法。

3. 链接问题

链接问题是指在直播过程中，上架至直播间的商品链接出错、失效，或商品链接中的价格、优惠券标注错误等。处理此类问题最常见的做法就是先将商品链接下架，告知用户不要购买，向已经下单购买的用户表示歉意，并为他们办理退款。与此同时，主播与品牌方进行沟通，修改商品链接，待商品链接修改好后再重新上架，并告知用户可继续购买。如果商品链接无法及时得到修复，主播可以直接将此款商品下架，并向用户解释原因和表示歉意，然后继续后面的直播。

任务四　主播人设打造

人设是指人物设定，主播的人设指的是结合用户喜好，按照市场需求与个人发展方向打造出来的形象，包括主播展现给用户的一切内容。打造主播人设可以让用户在脑海中迅速形成一个既定的印象或标签，进而关注主播，成为主播的粉丝。因此，主播要想培养一批忠实粉丝，就必须明确定位，找到喜欢自己的用户群体。

主播定位可按照以下方面进行打造与强化。

一、人设定位

（一）明确细分领域

明确细分领域

主播要进入合适的细分领域，找到适合自己的发展方向，可以从以下两个方面来确定。

1. 知识储备

知识储备决定主播的擅长领域，主播只有找到能够尽情施展自身才华的领域，才能更快地获得成功。

2. 经验积累

主播只有在其所处领域积累了足够多的专业知识和经验，才能达到顶尖水平。

（二）挖掘自身特色

在数量庞大的主播群体中，主播要想脱颖而出，就必须打造一个独一无二的形象，把自己与其他主播区分开，这就需要主播具有较高的辨识度和鲜明的特点。在挖掘自身特色时，主播可以从以下两个方面来展开。

挖掘自身特色

1. 研究头部主播

这里主要指学习借鉴所在领域的头部主播（指在直播平台上拥有大量粉丝和高度影响力的主播），学习他们的经验，如引流方式、运营方式和互动方式等，将这些技巧和策略为自己所用。

2. 深耕细分市场

主播要凭借自己在某一细分领域积累的经验，深耕该领域。通过对行业内竞争对手及直播间粉丝需求的分析，找到最适合自己的细分领域进行深耕，努力做到最好，最大化地展现自身优势，从而逐渐扩大自己的影响力。

（三）合适的名字

在注意力稀缺的时代，主播的名字只有被用户记住才能有继续打造人设的可能性。一般来说，好的名字要朗朗上口，简单好记，最好能与主播所在的领域相关，且不容易产生歧义。主播名字最好用中文，字数不要太多，最好控制在 5 个字以内。

（四）打造良好形象

一个好的名字只能让用户短暂地产生兴趣，主播要想维持热度，就要内外兼修，打造良好的形象。打造个人形象时要注意以下几点。

打造良好形象

1. 外在形象

主播要注重外在形象的塑造，可以请设计师根据自己的气质为自己设计一套形象。

2. 言谈举止

言谈举止也是影响主播人气的重要因素，在直播带货过程中，主播要保持微笑，耐心讲解，不能乱发脾气，同时注意自己的行为举止，动作要文雅。

3. 内在形象

主播不仅要打造良好的外在形象，还要注重内在形象。只有拥有正确的价值观，为网络带来正能量，主播才能为社会做出更大的贡献。如果主播不注重正面形象的维护，不仅会受到网友的抵制，还有可能被平台封禁。

二、主播人设

在当下的直播电商时代，一个优秀的主播通常都有属于自己特定的人格魅力，人格魅力从本质上来讲就是主播对自己的定位。打造人设可以使主播的定位更加独特，粉丝会通过你的人设标签和特定关键词记住你。一个好的人设，必须要有突出的记忆点。

成功的人设具备三个要点：讨人喜欢、容易被人记住、性格突出。

主播的人设越鲜明，就越能获得用户的认可，由此提升个人影响力，带来流量，放大个人的价值。主播在打造人设时要根据自己的爱好及特征用一两个关键词来定位，使用两三个标签即可。

1. 专家类人设

主播在面对新的用户时，若想吸引用户关注直播间并时常来观看直播，就要增强用户的信任度，而专家的人设可以利用权威效应来增强新用户对自己的信任度。但是，要想定位于专家，主播就要持续地进行专业内容输出，强化用户的认知。专家人设的门槛较高，一般需要机构或职称认证，并有专业技术支持，所以很难批量复刻。但这类人设可以在短时间内获得用户信赖，更容易促成转化。例如，抖音账号"老爸评测"就是采用专家人设，其直播技术感十足，每周一个主题，在直播中公布评测结果，有专家现身讲解、技术人士亲身示范等环节，权威感很强。

2."达人"类人设

与专家人设相比，"达人"人设对专业背书（指在某个领域或项目中，由专业人士或权威机构对某个想法、计划或方案进行认可或支持的行为）的要求不高，但建立人设需要前期运营，需要有丰富的内容为人设做铺垫。

主播要想打造"达人"人设，就要在一个垂直领域做精做深，切忌在多个领域跳转，多领域尝试不但不能通吃，反而会降低自己的权威性。例如，抖音账号"大洋妈妈"的人设就是"居家小能手"，主播会推荐一些新奇好物，而这种对"向往的生活"的展示增强了商品"种草"的说服力。

三、主播人设打造的方法

一个成功的主播要有自己的人设定位。主播只有打造出独具特色的人设，才能被广大用户熟知并记住。主播在打造自己的人设时，可以从以下两个方面来做。

（一）打造个人 IP

优秀的个人 IP 具备以下四点共性。

1. 符合人设

创作的内容必须与人设相符，一切账号运营和内容创作都要符合人设的行为逻辑，这样才能让用户留下深刻印象。

2. 核心突出

确定创作内容的核心，并将这种核心做到极致。

3. 独立个体

每一个优秀的个人 IP 都应该具备独特的个性，这种个性往往需要从自己的身上挖掘，可以是自身性格、外在的表现或某方面的特长。

4. 价值输出

个人 IP 输出的内容要对粉丝有用、有价值，并且个人 IP 要持续生产有传播价值的内容。如果能让粉丝学到知识、受到启发，这就体现了个人 IP 存在的价值。

在熟悉优秀 IP 的共性以后，主播可以确定寻找人设定位的精准路径。表 2-18 所示是快速确定自己人设的方法。在这之后，主播就要持续不断地进行价值输出，生产有价值的内容，不断丰满自己的人设。

图 2-18　快速确定自己人设的方法

罗列出 10 个自己会被关注的理由	幽默、表现力强、学历高、普通话标准、逻辑能力强、认真负责、专业能力、过往经历
罗列出目标粉丝的 50 个痛点	行业痛点、人群痛点、产品痛点、经济痛点、生活痛点
确定可持续输出的真实内容	坚持做真实的自己、坚持讲自己会做的事、确定喜欢的标识和道具、匹配罗列出的十大理由
可以频繁与粉丝互动	付费流量增加人设曝光、建立自己的粉丝群、根据粉丝反馈调整内容、有时间频繁直播互动、可持续性的线下活动

提示：人设打造旨在做真实的自己，切勿编造假人设欺骗消费者，以卖惨、博眼球等形式获取消费者的同情心。虚假宣传与销售假货，轻则平台封号，重则刑拘判刑。

（二）账号装修

账号装修是人设定位的一个有力补充，主要包括账号昵称、账号头像和账号简介的设置。

账号装修

1. 账号昵称

账号昵称要求通俗易懂、突出人设、避免重复。例如"数码视界"，名字简单易记，不复杂；巧妙利用谐音，避免重复；名字与账号定位相符，主要输出数码测评类内容。主播也可以按照"名称+类目关键词+核心突出点"这一公式来起昵称，如"刘姨家纺工厂"，就是由刘姨（名称）、家纺（类目关键词）、工厂（核心突出点）组成的，其中"工厂"强调了主播是与供应链紧密连接的，可以在工厂源头拿到物美价廉的商品。

2. 账号头像

账号头像要求图像清晰、主体突出、与账号定位一致。主播可以根据实际情况使用本人照片、内容角色照片或把账号名称设置为照片。

3. 账号简介

账号简介要求重点突出3个信息：① 我是谁？② 可以输出什么价值？③ 关注我的理由。例如，"杭州赵律师"的账号简介：法律硕士，女律师一枚（我是谁），代写起诉状、答辩状、合同等（可以输出什么价值），每天更新一个身边的法律问题（关注我的理由）。

四、商家自播人设打造

商家可以选择由店铺运营者、店铺客服人员来担任主播，或聘请专业的电商主播。在打造主播人设时，可以参考前文提到过的专家人设、"达人"人设、行业能手人设的打造策略。

由于商家自播具有较强的品牌化特征，所以商家直播间的账号也具有较强的品牌化特征。一般来说，商家自播直播间的账号就是店铺的账号，因此，店铺的名称和头像也就是直播间的名称和头像。为了进一步突出直播间的主播人设及直播间特点，商家应该为店铺设置一个差异化、具有吸引力的店铺名称和店铺头像。商家在设置店铺名称时可以采取以下方法。

（1）根据店铺主营商品品类来命名。

例如，一个销售礼品的店铺起名为"思念有礼-时尚精品店"。

（2）根据店铺所针对的主要消费群体的心理需求来命名。

例如，一个经营汉服的店铺起名为"汉服女生"。"女生"是这个店铺的主要销售对象，"汉服"体现了店铺商品的特色，这样的店铺名称能够满足这类喜欢汉服群体的需求，使她们对店铺产生好感，从而提高店铺的浏览率和成交率。

（3）有些商品属于某地的特产，带有鲜明的地域特色，这时商家可以在店铺名称中明确标出商品的产地，从而使用户对商品的质量更加放心，如山西的陈醋、温州的鞋子、义乌的小商品、新疆的干果等。

（4）商家可以直接以经营的品牌来命名，这样的店名让人感觉商品品牌正规，给人信赖感。例如，"活力28官方旗舰店""GREE格力官方旗舰店"。

五、强化人设定位

人设的打造其实就是对自身进行定位并不断强化定位。主播要想打造人设，首先要想明白以下五个问题：我是谁？我要给用户看什么内容？我和别人做的有什么不同？用户为什么看我？我这样做有什么优势？

主播人设打造有很多好处：给用户一个明确的第一印象；通过差异化突围，给用户一个关注主播的理由；明确主播内容生产和变现的方向；迎合平台的喜好，持续获得流量扶持。

在打造人设时，可以使用以下两种方法。

（一）坚持垂直原则

主播要专注于一个细分领域，把用户群体进行细分，而不是面对一个广泛的群体做内容。对于用户和平台来说，不垂直就等于不专注，主播如果想迎合所有的用户，做各种各样的内容，用户可能会逐渐地降低对主播的好感度，转至其他主播那里。

主播的内容在发出之后会进入内容所属标签的流量池，推送给想看这类内容的用户。当用户看到后，如果觉得内容不错，与账号简介、账号人设相符，就会默认主播以后会长期产出该垂直领域的内容，于是会点赞、关注、收藏主播的内容，而点赞、关注和收藏是判断内容质量的互动维度，这些数据上涨有利于提升权重，使平台为内容匹配更多的流量，这就是平台的流量推荐机制。

主播在打造人设时，可以参考抖音、快手、小红书平台上的频道，从中选择自己最适合参与的某个频道，持续更新优质的内容，满足目标用户群体的需求。

（二）内容要有价值

内容电商平台面向的是陌生用户。要想吸引用户的目光，主播就要提供优质内容。优质内容大致可以分为5类。

1. 成功经验

主播可以分享个人的成功经验。如果你是一名产品经理，可以分享成为一名合格产品经理的方法；如果你是一名创业者，可以分享对人生和事业的看法。除了个人事业的成功经验，达成某个目标的经验也可以分享出来，如职场穿搭、做菜技巧、护肤窍门和旅游攻略等。

2. 行业探秘

主播可以分享行业中不为人知的、新鲜的东西。这类内容一方面满足了用户的好奇心，另一方面也宣传了品牌的特色。

3. 商品分享

主播可以向用户推荐自己觉得好用的商品，这种真实、贴近生活的分享会打动人心，促使用户忍不住购买同款商品。作为"种草"平台，小红书中就有大量商品分享的内容。

4. 精神享受

给人精神享受的内容主要是摄影、设计、影视等行业作品的欣赏。

5. 学习成长

这类内容主要是为用户提供一些干货知识，如阅读、学习、思考的方法，以及成长方面的建议。例如，抖音"清华小高数理思维"坚持在平台发布数理思维解题的方法，以促进用户共同成长。

主播在定位好一个方向以后，就要沿着这个方向深入发展，找到更深层、更有价值的内容提供给用户，而不是只提供肤浅、低级趣味和缺乏创意的内容。同时，只有与其他主播的内容形成差异，你的人设才能从众多主播中脱颖而出，用户才会记住你、关注你。内容的差异化可以体现在内容领域、人设特点、内容结构、表达方式、表现场景、拍摄方式和视觉效果等方面。

此外，还要持续和稳定地更新，否则根据平台的规则和算法机制，账号的权重就会下降，获得平台的推荐量也会变低，关注的用户也会慢慢流失，这对人设的打造是极为不利的。

项目小结

本项目从直播团队的组建、直播间的搭建、直播内容策划、主播人设打造四个方面进行介绍。具体内容包括：直播团队人员的配置、团队成员的岗位职责、直播行业岗位的梳理；直播间设备的配置、直播间场地的布置；商品讲解的流程、直播脚本与话术的策划、直播间突发情况的处理；主播人设的定位与打造方法。希望以上内容能在直播技能入门上有所帮助。

实训练习

一、观察学习

请同学们以国家级非物质文化遗产——贵州黄平泥哨作为讲解的宝贝，拍摄一段介绍黄平泥哨的视频，时间控制在 3 分钟以内。

二、课后习题

（一）单选题

1. 在网络直播营销中发布商业广告的，应当严格遵守（　　）的相关规定。
A.《中华人民共和国广告法》　　　　　　B.《中华人民共和国产品质量法》
C.《中华人民共和国反不正当竞争法》　　D.《中华人民共和国电子商务法》
2. 以下关于主播的主要工作内容表述错误的是（　　）。
A. 直播前协助团队成员选品，提前了解品牌和商品信息
B. 直播中确认直播场地、互动活动的时间和方式
C. 直播中介绍直播间优惠活动，为用户发放福利，与用户互动，活跃直播气氛
D. 直播后与团队进行直播复盘
3. 作为新手直播，以下直播设备不需要准备的有（　　）。
A. 手机　　　　　　　　　　　　　　　　B. 补光灯
C. 手机支架　　　　　　　　　　　　　　D. 摄像机

4. 作为新人主播，建议直播时长控制在（　　）。
A. 30～60 分钟
B. 20～50 分钟
C. 45～120 分钟
D. 45～100 分钟

（二）多选题

1. 以下关于主播新人设塑造能力表述正确的是（　　）。
A. 创造具有自我特色的话术和直播风格
B. 模仿头部主播的人设和风格
C. 要能体现自身的差异化
D. 要提高自己的辨识度

2. 直播前主播的主要工作内容包括（　　）。
A. 协助团队成员选品
B. 提前了解品牌和商品信息
C. 确认直播场地
D. 确认直播中互动活动的时间和方式

3. 直播营销话术的设计包括（　　）。
A. 话术用词要符合规范
B. 话术要具有专业性
C. 话术要体现真诚
D. 话术要口语化，富有感染力

4. 直播中常见的商品讲解流程分为（　　）。
A. "过款式"流程
B. "点菜式"流程
C. "循环式"流程
D. "随机式"流程

5. 直播复盘总结包括（　　）。
A. 直播间累积观看人数数据分析
B. 累积订单量和成交额数据分析
C. 人均观看时长数据分析
D. 直播流程设计、团队协作效率、主播现场表现等经验总结

6. 直播互动二次传播的形式有（　　）。
A. 直播视频录制画面传播
B. 直播画面浓缩摘要传播
C. 直播片段截取传播
D. 直播软文传播

7. 直播活动执行环节包括（　　）。
A. 直播前准备
B. 直播开场
C. 直播过程
D. 直播收尾

8. 筹备直播环境需要以下哪些准备？（　　）
A. 筹备并调试直播设备
B. 准备直播物料
C. 选择直播场地
D. 主播自身准备

项目三
传统电商平台直播推广分析
——以淘宝非遗文化产品为例

- 传统电商平台直播推广分析——以淘宝非遗文化产品为例
  - 任务一 传统电商平台认识——以淘宝直播为例
    - 淘宝直播的特点
    - 淘宝直播的类型
    - 淘宝直播概况
    - 淘宝直播流量分配
    - 淘宝直播规则
  - 任务二 直播选品——以非遗文化产品为例
    - 淘宝直播选品的原则
    - 直播选品分析——以非遗文化产品为例
  - 任务三 直播引流——以非遗文化产品为例
    - 冷启动拉新
    - 直播封面图、标题、标签设置
    - 付费推广
  - 任务四 直播商品上架与讲解——以非遗文化产品为例
    - 直播商品上架
    - 直播商品讲解
  - 任务五 直播气氛维护——以非遗文化产品为例
    - 设置吸睛的直播间贴片
    - 直播红包互动
    - 设置直播抽奖环节
    - 发起互动小游戏
  - 任务六 直播粉丝运营与后期维护
    - 了解粉丝的心理特征
    - 有效提升粉丝黏性的策略

📚 **素养目标**

- 具备诚实守信、遵规守法的职业道德
- 具有团队协作、勇于创新的能力
- 具有深厚的爱国情感和中华民族自豪感

📚 **学习目标**

- 了解淘宝直播平台及淘宝直播流量分配原则
- 掌握淘宝直播选品、引流的方法
- 掌握淘宝直播商品上架策略和讲解技巧
- 掌握淘宝直播气氛维护、粉丝运维的办法

本项目各任务基于淘宝直播平台展开。

淘宝直播是阿里巴巴网络技术有限公司 2016 年推出的消费生活类直播平台，用户可以一边看直播，一边与主播互动交流、选购商品，从而促成商品销售。本项目内容包括淘宝直播平台认知、淘宝非遗文化产品直播选品、直播引流、直播产品推荐、直播气氛维护、直播粉丝运维及后期维护等。

任务一　传统电商平台认知——以淘宝直播为例

一、淘宝直播的特点

淘宝直播平台是我国目前较大的直播电商平台，与其他直播平台相比有巨大的优势，但也存在一定的劣势，具体有以下特点。

淘宝直播的特点

（一）电商产业链完善，规模大

据《2023 年直播电商白皮书》统计，自淘宝直播 2016 年成立以来，诞生了近 1 000 个过亿直播间。2022 年淘宝直播打造了近 500 个年销量过亿的直播间。截至 2023 年，淘宝破亿直播间 625 个，年破千万直播间超 6 073 个，月破百万直播间 1.2 万个，新开播账号 77 万个。

（二）公域流量大

截至 2023 年初，阿里巴巴中国市场实现超过 10 亿消费者的里程碑式跨越，年度活跃消费者达到约 13.1 亿。

(三）对商家持续扶持

淘宝一直致力于为商家提供更多的创业机会和增加曝光度的方式。对于淘宝新店直播来说，平台方也给了一定程度的支持和扶持。

（四）用户跨度大

淘宝用户横跨多个年龄段，来自不同区域，这为不同的商品提供了丰富的交易场景。

（五）用户对其有基础信任度

淘宝直播拥有天然的电商基因。淘宝已经在买家和卖家之间有了很高的知名度和信任度，与其他直播电商平台相比，用户更愿意相信已经运营了十几年、有一定规模的淘宝。基于主播的个人魅力和平台的实力，用户产生购买决策的时间大大缩短，甚至购买频次也增加不少。

（六）货源充足

由于淘宝成熟的电商基因，淘宝直播的货源充足，主播们不需要自己挖掘货源，这给很多缺少资金的小主播带来了机会。

（七）公域引流门槛较高、私域流量很难反复触达

商家直播只有排位较高时才能获得公域流量，如果直接购买公域流量或投放"达人"，成本又相对较高。而私域流量很难反复触达，一旦用户离开淘宝就难以再次触达，商家与用户之间很难形成强黏性，除非商家用其他方式与用户建立联系，如微信群、微博等。

二、淘宝直播的类型

在成为一名新手主播之前，首先要了解淘宝直播有哪些类型。一般来说，淘宝直播通常分为店铺直播、"达人"直播、淘宝全球买家直播和 PGC（Professional Generated Gontent，专业生产内容、专家生产内容）生产者直播，如图 3-1 所示。

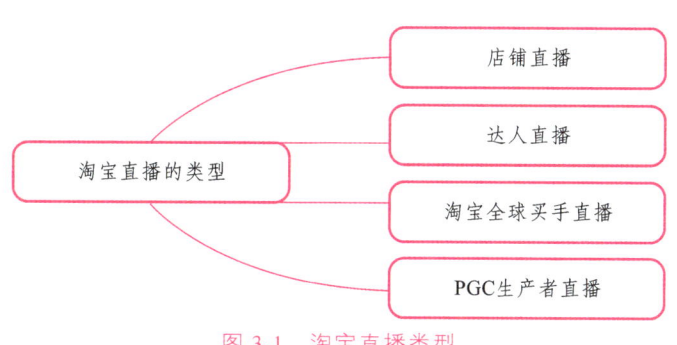

图 3-1　淘宝直播类型

（一）店铺直播

店铺直播是指商家店铺开通的直播，进行商品展示、活动介绍等。一般来说，淘宝店铺可以分为天猫店、C店和企业店。天猫店是指在天猫平台上运营的店铺；C店是从C2C的意义上衍生出来的，C2C是指个人与个人之间的电子商务（Consumer to Consumer），即消费者之间的交易行为，也就是说C店其实就是个人店铺；企业店是指与个人店铺相区别的、以企业名义开设的店铺。

（二）"达人"直播

"达人"直播是指那些在特定领域有一定影响力和粉丝基础的人进行的直播。"达人"直播也是目前淘宝直播的主力军，适合有一定粉丝基础的人，他们既能销售自己的产品，又能为企业进行带货推广。"达人"直播相较而言带货能力强、粉丝黏性强。

"达人"主播与新手主播不同，他们在行业中已经积累了一定的知名度，商家会主动寻求合作，并为"达人"主播支付佣金。

（三）淘宝全球买家直播

淘宝全球买家是指到世界各地不同的购物中心购物的买家，这些买家开通的直播称为淘宝全球买家直播。淘宝全球买家要想开通直播，一个重要的前提是确保没有严重违规和虚假交易，商店处于正常状态，并具有稳定的综合经营能力。

（四）PGC生产者直播

PGC（Proesional Generated Content，专业生产内容、专家生产内容）指的是在某个领域具有专长，能分享专业领域有价值的内容。PGC生产者是具有专业身份或组织具有专业身份的人士提供专业内容的输出者，如媒体平台的编辑、记者，学术领域的教授和研究学者等。淘宝直播对于PGC机构入驻持开放态度，满足的条件为100万元的注册资本及一般纳税人，此外只需提供直播方案，确保是专业制作团队，而非个人主播即可。

三、淘宝直播概况

资料显示，淘宝直播作为消费类直播第一平台，累计观看人次已超500亿。连续两年淘宝直播人均观看时长增长20%以上，见证了直播电商越发"常态化"地融入消费者的生活。

淘宝直播中，商家自播与"达人"主播在行业类目上各有侧重：商家自播在珠宝、女装、消电、美妆、母婴行业依次有更高的成交额，而"达人"主播侧重的行业依次为女装、美妆、食品、消电、珠宝。

在淘宝直播间，人群偏好有着明显的差异，具体体现为男性爱汽车家装、女性爱女装箱包；代际、地域间亦有差别，如图3-2至图3-4所示。

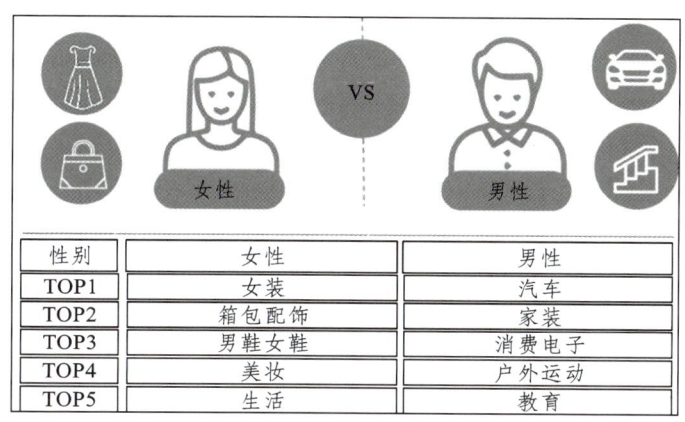

图 3-2　淘宝直播间男女消费偏好

代际	60后及以前	70后	80后	90后	00后
TOP1	教育	鲜花萌宠	文教	美妆	美妆
TOP2	鲜花萌宠	汽车	母婴	数字虚拟	男装
TOP3	家装	家装	汽车	生活	女装
TOP4	食品	家居百货	家装	个护	食品
TOP5	家居百货	珠宝	生活	男鞋女鞋	户外运动

图 3-3　直播间消费偏好（代际）

地域	一线城市	二线城市	三线及以下城市
TOP1	生活	生活	汽车
TOP2	数字虚拟	数字虚拟	母婴
TOP3	鲜花萌宠	个护	文教
TOP4	手表眼镜	美妆	教育
TOP5	珠宝	鲜花萌宠	家装

图 3-4　直播间消费偏好（地域）

其中，点淘成为新兴流量场。越来越多的主播和商家看到了点淘平台"短视频种草"到"直播间转化"的链路带来的品效合一的效果。利用点淘—淘宝直播"短直联动"的方式，助力"达人"主播树立人设、获取信任感的同时促进高效成交；在一些新兴垂直类目，如"二手奢侈品"等领域，"短直结合"模式表现尤为出色，"二奢"相关货品在淘宝直播收获 162.8%的年增长。

四、淘宝直播流量分配

在流量为王的时代，获取高流量是每个主播以及商家直播时都要考虑的问题。淘宝直播流量分配规则主要有标签竞争、主播等级竞争、活动排名、直播内容建设四个方面，如图 3-5 所示。

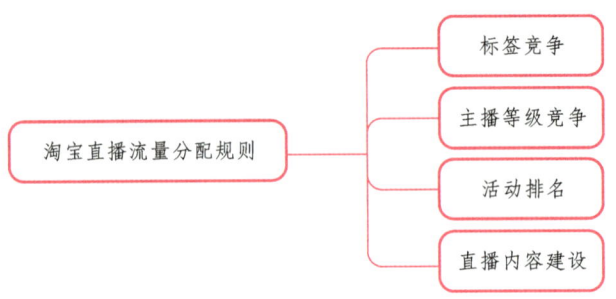

图 3-5 淘宝直播流量分配规则

（一）标签竞争

淘宝直播标签是淘宝直播官方推出的一款快捷的导购推广服务。在直播间里，主播和商家可以为商品添加能够吸引用户的标签（见图3-6），以此获得精准的流量，提升点击率和转化率。

主播为直播添加标签，其实是在精准定位自己的直播属性，淘宝直播官方会根据主播所选择的标签为其匹配对应的用户。从淘宝直播官方的角度来说，同一个标签使用的人多了，在分配流量时可以选择的范围也就大了，在流量总量不变的情况下，同一标签下每个主播能分到的流量就会变少。因此，对于主播来说，在标签维度下，其需要与竞争对手进行流量的争夺。

图 3-6 频道栏目标签

（二）主播等级竞争

主播等级反映了主播的影响力，主播的等级越高，所获得的直播权益也就越多，其开展的直播被淘宝直播平台、用户看到的机会也就越大，自然而然也就能获得更多平台流量的支持。淘宝直播账号等级是根据淘宝主播的直播数据表现进行评定的，该等级体系分为 7 个等级，从 V1 到 V7，其中 V1 为最低等级，V7 为最高等级。不同等级享有不同的权益，包括更多的产品功能权益、专属活动及流量、账号诊断等，如图 3-7 所示。主播可以通过查看淘宝主播 APP 中的成长分卡片和成长建议，了解自己当前账号等级和对应的权益，并针对性地提升自己的直播数据表现，从而达到升级的目标，如图 3-8 所示。

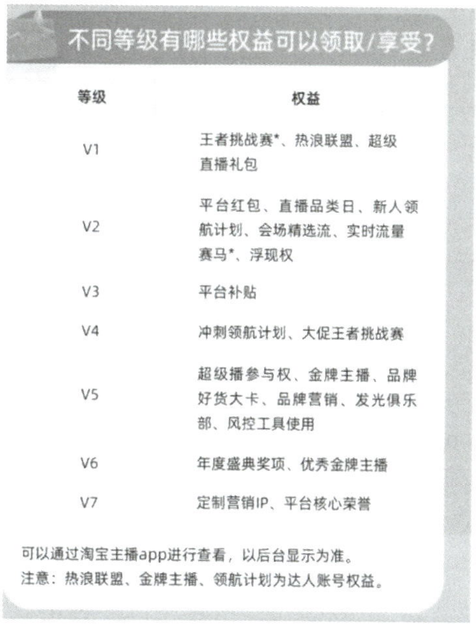
不同等级有哪些权益可以领取/享受?

等级	权益
V1	王者挑战赛*、热浪联盟、超级直播礼包
V2	平台红包、直播品类日、新人领航计划、会场精选流、实时流量赛马*、浮现权
V3	平台补贴
V4	冲刺领航计划、大促王者挑战赛
V5	超级播参与权、金牌主播、品牌好货大卡、品牌营销、发光俱乐部、风控工具使用
V6	年度盛典奖项、优秀金牌主播
V7	定制营销IP、平台核心荣誉

可以通过淘宝主播app进行查看，以后台显示为准。
注意：热浪联盟、金牌主播、领航计划为达人账号权益。

图 3-7　淘宝直播账号等级

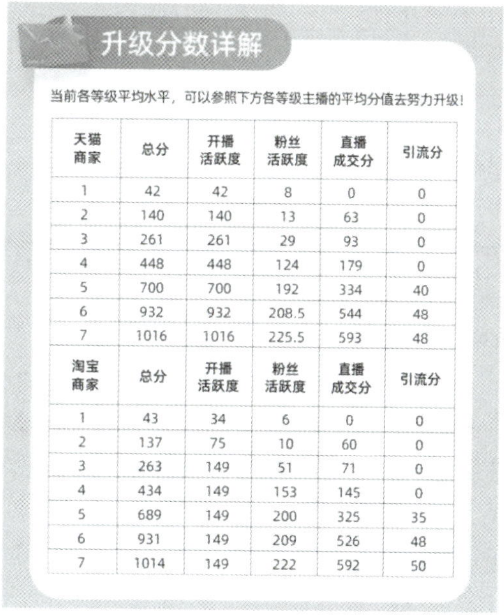
升级分数详解

当前各等级平均水平，可以参照下方各等级主播的平均分值去努力升级！

天猫商家	总分	开播活跃度	粉丝活跃度	直播成交分	引流分
1	42	42	8	0	0
2	140	140	13	63	0
3	261	261	29	93	0
4	448	448	124	179	0
5	700	700	192	334	40
6	932	932	208.5	544	48
7	1016	1016	225.5	593	48
淘宝商家	总分	开播活跃度	粉丝活跃度	直播成交分	引流分
1	43	34	6	0	0
2	137	75	10	60	0
3	263	149	51	71	0
4	434	149	153	145	0
5	689	149	200	325	35
6	931	149	209	526	48
7	1014	149	222	592	50

图 3-8　淘宝账号等级升级

（三）活动排名

淘宝直播平台会举办各种主题的直播活动，主播在这些活动中表现得越优秀，排名就越靠前，就越能证明主播有实力。在淘宝直播平台看来，这样的主播没有浪费平台为其提供的流量，平台在他们身上获得的投资回报率较高，所以在分配流量时会更加偏向这些主播。这些主播就可以获得更多的展示机会，其开展的直播也会引来更多的目标用户，从而增加主播的粉丝数量，或者商品的成交数量。

（四）直播内容建设

直播内容也是淘宝直播平台分配流量的参考因素之一。淘宝直播平台评判直播内容的主要依据见表 3-1。

表 3-1 淘宝直播平台评判直播内容的主要依据

评判依据	说明	考察的内容
内容能见度	直播内容覆盖的用户人群越广，内容能被看见的概率就越大	直播间的引流推广能力
内容吸引力	单位时间内用户在直播间里停留的时长，是否产生购买行为，是否做出互动动作（评论、点赞、分享等）	直播间商品的构成、直播氛围和主播的吸引力
内容引导力	把用户留在直播间，并将其引导进入店铺主动点击商品链接	直播的控场能力和引导用户下单的能力
内容获客力	直播内容引导用户进入店铺并产生购买行为	直播间商品性价比和主播直播话术对用户的吸引力
内容转粉力	将只是短暂停留在直播间的用户变成有目的、停留时间长的忠实用户	主播是否能持续输出内容，直播间内商品的性价比，以及主播的直播能力

五、淘宝直播规则

淘宝直播的流量是非常可观的，这自然吸引了很多商家和达人入驻。但是一些新手商家不了解淘宝直播规则，在淘宝直播中出现违规而遭到处罚，因此淘宝直播商家必须要了解并遵守淘宝直播规则，否则出现违规现象，就会被处罚或者封号。商家需要了解常见的《淘宝直播平台管理规则》和《淘宝直播封面标题和内容发布规范》。淘宝直播违规情形分为一般违规、严重违规、特别严重违规，针对直播间的违规，平台会采取"公示警告""取消单场浮现""拉停直播""删除违规信息"的管理措施，见表3-2。

表 3-2 淘宝主播违规处置措施

违规行为	处置措施					
类型	第1次	第2次	第3次	第4次	第5次	第6次及以上
一般违规	无	无	无	限制主播权限3天；或罚扣违约金		
严重违规	无	无	限制主播权限7天；或罚扣违约金			清退主播身份

（一）一般违规

（1）发布低质量直播内容。如：挂机、录播、多开以及其他影响用户体验的低质量直播。

（2）发布不当信息。如：发布广告信息、发布违背公序良俗的信息、发布混淆信息等。

（3）不正当竞争。主播虚假交易、不当获取平台资源、对消费者设置不合理交易条件、拉踩对比。

（4）骚扰他人。对他人实施骚扰、侮辱、恐吓等妨害他人合法权益的行为。

（5）不当使用信息。未经允许发布、传递、出售或通过其他不正当方式使用平台商业信息/他人信息，或致使平台商业信息/他人信息存在泄露风险的。

（6）描述不当。信息要素不一致、信息与实物不一致、未披露商品瑕疵或服务预订与取消条件、夸大宣传功效等。

（7）违背承诺。未按平台规定向平台履约或向会员提供相应服务的；承诺互动活动有赠品等奖励但未兑现等。

（8）发布侵权信息。发布版权侵权信息、发布的信息涉嫌不当使用他人商标权、著作权、专利权、肖像权、姓名权等权利。

（9）不当营销。不当展示国家/民族形象、炒作营销、违规有奖销售、异常营销。

（10）诱导打赏。违规诱导用户打赏、发布虚假信息诱导打赏；发布混淆信息诱导打赏，即通过发布令人混淆的信息让会员产生误认从而骗取打赏；诱导未成年人打赏等行为。

（二）严重违规

（1）发布违禁信息。发布有关法律、行政法规和国家规定禁止的内容；发布低俗信息及渲染低级趣味等的庸俗、媚俗信息；发布损害消费者、平台及其他会员生命、财产、权益安全的信息；发布不符合电商直播场景的信息，如淘宝平台禁止发布的商品和信息等。

（2）发布平台限制推广信息。发布淘宝直播平台限制推广商品信息；未经平台允许，发布阿里妈妈禁止推广的商品信息。

（3）推广假冒商品。推广假冒注册商标商品或盗版商品。

（4）推广材质不符或不合格商品。

（5）危及消费者权益。主播及其关联账号推广的商品或服务，出现严重或大量损害消费者体验或导致消费者权益受损的情况。

（6）扰乱市场秩序。提供虚假凭证、不当获取信息、限定交易、规避平台规则和流程。

（7）危及交易或账户安全。

（三）违规行为处置

针对主播的违规行为，平台将视情形采取管理措施和处理措施。各违规情形对应的处置措施见表3-3。

表 3-3　淘宝直播违规行为处置

违规行为		处置措施	
类型	情形	管理措施	处理措施
一般违规	轻度	每次视情形可采取： （一）提醒警告/官方公示/推送纠错卡； 和/或 （二）应答检测/商品置灰/切断连麦； 和/或 （三）取消单场直播浮现权/直播黑屏/拉停直播； 和/或 （四）屏蔽违规信息/剔除异常数据/取消或收回违规所得资源； 和/或 （五）删除违规信息； 和/或 （六）限制指定商家/商品直播间挂屏。	无
	中度		计一般违规一次
	重度		计一般违规一次，且每次视情形可采取以下措施： （一）限制主播浮现权1～365天； 和/或 （二）限制主播接受打赏礼物/限制主播开启打赏功能1～365天； 和/或 （三）限制使用连麦功能1～356天； 和/或 （四）限制主播权限1～7天； 和/或 （五）罚扣违约金； 和/或 （六）取消部分或全部主播结算
严重违规	轻度		无
	中度		计严重违规一次
	重度		计严重违规一次； 和每次视情形可采取以下措施： （一）限制主播浮现权1～365天； （二）限制主播权限1～15天； 和/或 （三）罚扣违约金
特别严重违规			每次视情形可采取以下措施： （一）清退主播身份； 和/或 （二）限制主播权限； 和/或 （三）视情形罚扣违约金； 和/或 （四）视情形进行主播风险交易冻结； 和/或 （五）视情形进行主播支付宝账户管控措施； 和/或 （六）视情形取消部分或全部主播结算； 和/或 （七）限制主播接受打赏礼物/限制主播开启打赏功能； 和/或 （八）限制主播使用连麦功能

任务二 直播选品——以非遗文化产品为例

一、淘宝直播选品的原则

（一）商品和主播人设相符

不管是"达人"主播还是商家主播，推荐的商品都要与主播的人设相匹配，合适的商品交给合适的人来卖，才能卖得更好。若主播是美妆主播，对美妆类商品比较熟悉，那么在选品上尽量选择与美妆相关的商品；若主播是美食领域的"达人"，那么可以选择和食品类相关的商品。这样，一方面能确保主播对商品的熟悉度，另一方面也符合用户对主播的预期，有助于提高商品的转化率。

（二）商品品类要符合用户画像

用户画像是根据用户的社会属性、生活习惯和消费行为等信息抽象出来的标签，是一个真实用户的虚拟代表，是建立在一系列真实数据之上的目标用户模型。将目标用户的多方面信息收集之后拼接组合在一起，就形成了商品的用户画像。用户画像一般由性别、年龄、地域、兴趣、购物偏好、消费承受力等组成，主播在选品时要判断商品是否符合用户画像所描述的需求。

例如，用户经常在平台购买精致的刺绣品，如刺绣耳环、项链等，这些饰品将传统的刺绣工艺与现代时尚设计相结合，色彩鲜艳、图案精美，能够满足年轻女性对于美的追求，同时展现出独特的文化韵味，此时可推断用户为年轻的、追求时尚且对传统文化有浓厚兴趣的女性。此时，主播可以选择一些具有传统文化的非遗产品作为销售产品。

不同的用户群体，其需要的商品类型也不同。例如，如果用户以男性居多，主播最好推荐科技数码、游戏、汽车配饰、运动装备等商品；如果用户以女性居多，主播最好推荐美妆、服饰、居家用品、美食等商品。

（三）商品选择符合市场热点需求

直播选品应贴合市场热点需求，如端午节吃粽子、中秋节吃月饼，或某个时间段爆火的商品，这些都是主播可以贴合的市场热点。

用户对热点商品有着一定的关注度，即使不买也会引发直播间的相关讨论，从而提高直播间的热度，吸引更多用户进入直播间，这在一定程度上会提高其他商品的销量。

（四）严格筛选

2024年3月15日颁布的《中华人民共和国消费者权益保护法实施条例》明确了直播平台、直播间和主播等为了保障消费者权益应该履行的义务。此条例明确了主播应对直播产品负责，所以主播更应严格地去筛选商品。商品的质量决定了直播间的信誉，主播应当严格筛选商品，排除质量低劣的商品。主播可以对商品进行试用，引入权威的质检机构，并对每一款商品都做到了然于胸。

二、直播选品分析——以非遗文化产品为例

2023年，淘宝天猫平台上的非遗商品成交额首次突破千亿元大关，达1 073.2亿元，同比增长37.7%，是同期社会消费品零售总额增速的5倍多，非遗电商消费总体呈现快速增长态势。

从消费角度看，2023年在该平台购买过非遗相关产品的消费者达到2.49亿人次，同比增长11.7%。非遗相关产品人均消费额从349元（2022年）上升到430元（2023年）。从供给角度看，2023年平台上非遗商家数量达到3.6万家，同比增长17.6%。

2022年，淘宝非遗相关直播引导交易额近80亿元。例如，既是非遗又是老字号的荣宝斋，其天猫旗舰店在2022年双11预售开启后，日均直播约5小时，近期店铺销售额同比增长了10倍。双11期间，超过6 600家非遗店铺开展直播，直播场次近3万场，非遗直播带动的成交额近2亿元。

另外，据2021年发布的《非遗电商发展报告》显示，淘宝天猫平台上非遗消费者数量、人均消费支出连续三年增长。和两年前相比，开通淘宝直播的非遗店铺数量增长了115%；过去一年里，淘宝非遗直播场次达380万场，8成成交来自商家自播。在14个非遗产业带中，近一半位于县域及以下地区；年成交超百万的店铺中，西部省份增速连续两年超过其他地区。

非遗产品在淘宝直播中的销售情况良好，且呈现出增长的趋势。"非遗+电商"模式为非遗的传承和发展提供了新的机遇和载体，不仅拉近了非遗产品与消费者之间的距离，也促进了非遗项目与现代消费市场的深度融合。同时，直播等形式让更多非遗产品走进大众视野，满足了消费者对传统文化的需求，也为非遗传承人、手工艺从业者等带来了更多的经济收益和发展空间。不过，具体的销售情况可能因非遗产品的种类、品质、宣传推广等因素而有所不同。故而在进行非遗文化产品直播推广之前，应提前做好选品分析，具体可从以下几个方面进行分析。

（一）目标受众分析

1. 年龄层次

淘宝直播的用户涵盖了各个年龄段，但主力可能是80后、90后和00后。不同年龄段对非遗文化产品的喜好和需求有所不同。

年轻群体可能更倾向于时尚、创新且实用的非遗产品，如非遗元素的潮流服饰、创意家居用品。

2. 消费能力

了解观众的消费能力对于选品至关重要。高消费能力的观众可能对高品质、高价值的非遗艺术品或收藏品更感兴趣，而普通消费群体可能更关注价格适中、实用性强的非遗产品。

3. 兴趣偏好

通过淘宝大数据和直播观众的过往行为数据，分析他们在文化、艺术、手工等方面的兴趣偏好。比如，对传统文化有浓厚兴趣的观众可能会喜欢传统的剪纸、年画等；注重生活品质的观众可能会对非遗美食、香薰产品感兴趣。

（二）产品特性分析

1. 观赏性

非遗产品的外观是否精美、独特，能否在直播中通过视觉展示吸引观众。如精美的陶瓷制品、华丽的刺绣作品等。

2. 实用性

具有实用功能的非遗产品更容易被消费者接受，如非遗手工制作的厨具、文具等。

3. 互动性

选品时考虑那些能够在直播中与观众进行互动展示的产品，如传统的手工技艺演示，如竹编、糖画等，增加观众的参与感。

4. 故事性

产品背后如果有丰富的文化故事和历史传承，就可以在直播中通过主播的讲述增强产品的吸引力和感染力。

（三）市场趋势分析

1. 热门品类

关注当前淘宝平台上非遗文化产品的热门品类，如近期流行的非遗文创产品、传统手工艺品等。

2. 消费趋势

了解消费者在非遗文化产品方面的消费趋势，如在绿色环保、个性化定制、文化体验等方面的需求增长。

（四）竞品分析

1. 同类直播间

研究其他淘宝直播间销售非遗文化产品的情况，包括选品、价格、销售策略等。分析竞争对手的优势和不足，寻找差异化竞争的机会。

2. 其他电商平台

了解其他电商平台上非遗文化产品的销售情况，借鉴成功经验。

（五）供应商评估

1. 产品质量

确保所选非遗产品的质量稳定，工艺精湛。

2. 供应能力
供应商能否按时、按量提供产品，以满足直播销售的需求。
3. 合作意愿
供应商是否积极配合直播活动，提供相关的支持和服务。

（六）价格策略
1. 成本核算
综合考虑产品的采购成本、运输成本、营销成本等，确定合理的价格区间。
2. 价格弹性
根据产品的稀缺性、市场需求和竞争情况，制定灵活的价格策略，如促销活动、套餐组合等。

（七）售后保障
1. 产品包装
确保产品的包装能够保护产品在运输过程中不受损坏，同时体现非遗文化的特色。
2. 售后服务
明确售后政策，如退换货、维修等，为消费者提供良好的购物体验。

任务三　直播引流——以非遗文化产品为例

淘宝直播互动性非常强，用户可以边看边买，但要实现直播间的订单转化，前提是有流量，因此直播的引流至关重要。

一、冷启动拉新

直播前的冷启动拉新可以吸引更多的用户进入直播间，对直播活动进行更大限度的宣传。直播前冷启动拉新是为了让用户提前了解直播的大概内容，这样对直播感兴趣的用户就可以及时进入直播间观看直播。直播前冷启动拉新的方式有私域引流、公域引流和发布直播预告。

（一）私域引流
私域引流是指通过店铺私域、订阅等渠道的预热，引导粉丝访问直播间，提高直播间的活跃度，进而获得更多公域曝光。

（二）公域引流
淘宝直播冷启动拉新的公域场景主要包括微博、微信公众号等。

1. 微博

很多淘宝主播会在微博进行直播预热宣传，告诉粉丝们具体的直播时间，同时会将自己直播间的亮点展现出来，以吸引更多用户进入直播间。有时还会通过号召"转发+关注"的方式扩大直播预告的传播范围，为直播间增加新的粉丝。

2. 微信公众号

主播可以在微信公众号上以长文案的形式进行直播预热，同时插入贴片或海报，更清楚地说明直播的时间和主题。

（三）发布直播预告

主播可以通过淘宝直播中控台设置直播预告，发布成功后直播预告会出现在首页预告模块，并在直播时获得优先浮现权。主播还可以在淘宝直播进行焦点图投放，投放的焦点图集中展示在"今日必看"板块。主播在设置直播预告时需要注意以下几个方面。

（1）预告视频尽量不要有水印，禁止添加字幕。

（2）视频应为横屏，画面长宽比例为 16∶9。

（3）视频画面要整洁，内容主次分明。

（4）对于第二天的直播，直播预告至少要在当天 16 点前发布，否则淘宝直播平台将不予审核浮现。

二、直播封面图、标题、标签设置

淘宝直播的引流工作除了要用到直播预热和直播预告，还要重视直播间封面图、直播标题和直播标签的设置。

直播封面图、标题、标签设置

（一）直播封面图

封面图是用户触达直播的第一环节，使用封面图可以建立直播间特色、吸引用户关注。一个足够吸引人的封面图对于直播来说至关重要，打造优质的直播封面图要注意以下几点。

1. 保持美观、清晰、主体适中

封面图要保持美观、干净、整洁，除官方提供的角标、贴图等带有促销元素的内容以外，不能添加任何文字和其他贴图，否则会显得杂乱无章，影响用户阅读，导致用户在看到封面图的第一眼就划走。

2. 色彩要适当

直播封面图的色彩要鲜艳，但不要过分华丽，只要能体现直播主题即可。坚决杜绝任何形式的"牛皮癣"，否则会影响重要内容的呈现效果。另外，直播间封面图尽量不要使用白色背景的图片，会导致图片不够突出、醒目，很难吸引用户。

3. 图片尺寸合理

直播封面图的尺寸一般为 750 像素 × 750 像素，最小不能低于 500 像素 × 500 像素。

4. 封面图要考虑固定信息的展现

封面图的固定信息包括左上角的直播观看人数和右下角的点赞量，封面图的重要内容要避开左上角和右下角，以免与直播观看人数、点赞量等构成部分相互干扰，影响观看体验。

5. 禁用合成图、拼接图

为了不影响直播整体的浏览体验，封面图要放置一张自然、简洁的图片，禁用合成图、拼接图，要让直播封面图看起来美观，呈现出良好的视觉效果。另外，加了边框的图片，也不宜用作直播封面图。

6. 拒绝出现不当信息、违法信息、低俗信息等

直播封面图中不要使用有色情倾向、侵权、与自然现象不符、令人不适或低俗的图片等。这样的图片被官方检测到后，封面图就会被重置，从而降低封面图的吸引力，严重者还会被封禁账号。

7. 符合直播主题、符合平台定位

封面图要契合直播主题，让用户在看到直播封面图时就能了解直播的大致内容，进而决定是否要进入直播间。例如，主播在工厂直播实地看货，封面图要选择工厂、车间等实景图；主播在档口直播，封面图要选择档口实拍图；主播在直播间介绍商品，封面图最好不用模特或主播的人像图片，而是选择精美的商品细节图。

（二）直播标题

直播标题是影响直播间能否在第一时间吸引用户观看直播的重要因素。如果没有吸引人的标题，用户看到直播间时就会直接选择滑过，从而影响直播间的流量。

主播在设置标题时，可以参考数字式标题、名人式标题、悬念式标题、热点式标题、文化式标题等，但也要注意以下几点。

1. 设置利益点

标题中设置利益点，能有效触动用户需求点。利益驱动是最基础、最直观的，在完成活动策划以后，主播可以将商品中最有吸引力的一个利益点提炼出来，放到标题中，如"非遗好物，买一赠一，超值体验不容错过！""非遗魅力，下单即享包邮，心动就行动！"等。这种方法抓住了用户想从直播中获得实际利益的心理。

在直播过程中，主播要如标题所说，真实地给用户相应的利益，不要弄虚作假。例如，在以"非遗好物，买一赠一，超值体验不容错过！"为标题的直播中，主播可以选择几个销售核心时间点，定时、定量地"秒杀"福利，这不仅能够激发用户的参与度，还能让用户回流，在下一个"秒杀"时段进入直播间抢购，从而提升直播间的热度。

在标题中使用数字会让利益点更醒目，增强标题的辨识度，降低用户大脑的思考难

度，从而迅速引起用户的注意。另外，主播可以在标题中写一些能够增加紧迫感的语句，如"福利大放送，手慢无"，让用户因为怕错过好货或福利而迫不及待地进入直播间进行抢购。

2. 借势热点

主播作为直播内容的运营者，应该具备对时下热点的敏感度，从新闻和流行元素中找到借势的内容。主播可以通过在标题中借势热点，在短时间内获得较高的点击率。例如，以节日为标题的"七夕节送好礼，女朋友超喜欢"，以热门节目为标题的"学乘风破浪的姐姐选口红色号"。当然，借势热点的标题必须与商品之间有一定的关联，如果没有关联，就有可能让用户产生"挂羊头卖狗肉"的感觉，觉得自己受到了欺骗。

3. 能激发好奇心

主播可以在标题中用一句话编一个短小精悍的故事，激发用户的想象力，让用户意犹未尽、产生强烈的好奇心，进而忍不住点击进入直播间，例如美妆商品店铺的直播间标题"剧组化妆师的小秘密"。在直播标题中提问也是一个激发好奇心的不错的方法，主播可以在标题中以提问的形式，使用户在看到问题时进行思考，进而不知不觉地点击进入直播间一探究竟，如"古法造纸如何变身时尚潮品？直播间揭晓神秘工艺"。

4. 戳中痛点

主播要以用户在生活中的烦恼为核心，将商品与解决方式联系在一起，并巧妙地运用在标题中。这类直播标题更注重商品的功能与用户使用场景的结合，符合用户的购买心理，如"办公室好冷，空调毯来了"。

5. 逆向表达

为了引导用户点击进入直播间，一些直播间的标题往往自卖自夸，用户在看到这类标题会产生疲劳感，不大容易被吸引。主播可以运用逆向思维，通过从不同的角度看事物进行逆向表达，从而吸引用户的注意力，如"小贵，但有很多人买"。

（三）直播标签

在某一个标签下播出一段时间后，就会积累相应的权重，但是权重的排名仅限于一个标签，如果主播在 A 标签获得了足够高的权重，突然更换成 B 标签，权重就会降低很多。因此，主播要选择适合自己的标签，并不断积累权重。在设置直播标签时，主播可以采用以下两个策略。

1. 统计头部主播的直播时段和标签

主播可以做一个表格，专门统计不同类别的头部主播每日的直播时段和直播标签。

头部主播拥有顶级的推广级别，一开播就拥有顶级权重，可以吸引平台大部分流量，形成强大的"马太效应",强者愈强,而中小主播很难吸引到足够的流量。头部主播大多在晚上8点到10点直播,所以中小主播要尽量选择在竞争压力较小的冷门时段直播,例如下午2点到晚上8点之间,甚至凌晨。

主播要根据商品种类选择更细化的领域,尽量选择竞争压力小的新标签,率先占领蓝海市场,此时排名也会相对靠前。当然,新标签不能是流量稀少的冷门标签,因为这种标签很难做到大规模。

2. 根据自身竞争力选择标签

尽管淘宝直播平台会为商家或"达人"提供相应的标签作为参考,但主播在选择标签时还是要根据实际情况来决定,应分析自身优势、竞争对手、市场前景、商品定位、目标人群等。如果主播缺乏竞争力,粉丝基数小,可以借鉴以下两种思路来选择标签。

第一,通过优化直播间商品来匹配最精准流量,在新的标签里迅速占领制高点。新标签的权重可能是0,这时最应该做的是迅速抢占新标签。

第二,利用3~5天把每个相关标签轮番测试一遍,从中选出最合适的标签。

主播通过以上两种方法找到最适合自己、对自己流量帮助最大的标签以后,要长期使用,不断积累权重。

如果主播本身竞争力强,粉丝基数大,则需要注意以下两个问题。

第一,如果是垂直领域的主播,就不要盲目更换标签,即使更换也要选择相近的标签,否则粉丝流失严重。如果主播在"每日上新"标签下直播了很长时间,销售数据表现很好,在淘宝的推荐排名非常靠前,突然把标签更换为"运动服饰",直播间的权重就会被削弱,推荐排名会出现下滑,以致销售业绩受到影响。主播可以使用相近的标签,如"上新联播",从而把"每日上新"的权重转移过来。

第二,如果是综合型主播,每次直播推荐品类完全不同的商品,就要及时更新标签,提示本期的直播内容。例如,本场直播是日化用品专场,下场直播是美妆类专场,主播要将每次直播的新标签标注清楚,以吸引更多感兴趣的新用户。

三、付费推广

除了直播预热和通过设置直播封面图、标题和标签等方式提高直播权重,主播还可以直接通过付费进行推广。淘宝直播平台的流量分配机制是"私域维护好,公域奖励多",如果直播运营团队能够维护好私域流量,淘宝直播平台会给予直播间更多的免费公域流量。

因此,直播运营团队在淘宝直播平台进行引流推广,关键是坚持开播,维护好私域流量。在此基础上,再借助于付费推广工具进行直播间的引流推广,从而取得良好的直播引流效果。淘宝直播站内推广的工具主要有超级直播。

淘宝超级直播是基于阿里巴巴大数据推荐算法,通过智能算法将直播间推送至相应的资源位及人群。借助超级直播,能够快速投放、触达多个资源,提升观看量、增加粉丝互动，进而促进转化。商家付费后，可将直播位放置在上下滑动的推送中，以及淘宝首页直播 Tab 页内。这款工具的目的是带动直播间流量，最终以转化为考核目标。

通过浏览器进入淘宝直播首页，点击"立即直播"中的"直播中控台"，进入淘宝直播后台（如图 3-9 所示）。点击直播—直播推广—超级直播（如图 3-10 所示），进入阿里妈妈·万相台（如图 3-11 所示）。

图 3-9　淘宝直播中控台

图 3-10　淘宝直播推广工具

图 3-11　阿里妈妈·万相台

进入平台后，根据界面选项设置推广计划，在这里可以设置场景投放、关键词推广、投放主体、预算与排期、推广方案等内容。如图 3-12 所示，可围绕人群、货品、活动、店铺、关键词场景等进行选择，完成设置后，并支付推广金额，即可开始付费推广。

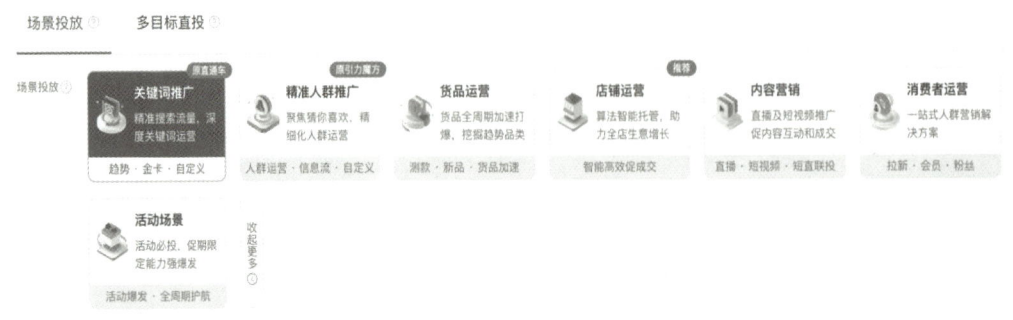

图 3-12　投放场景

超级直播推广的资源位主要有直播全屏上下切、信息流首猜、淘宝直播广场、搜索结果页、点淘直播广场、点淘开屏页。

超级直播推广的资源位示例

任务四　直播商品上架与讲解——以非遗文化产品为例

一、直播商品上架

开通淘宝直播后，主播需进行商品上架与讲解，才可能会有转化。具体操作步骤如下：

（1）进入淘宝直播的门户网站，点击"立即直播"中的"直播中控台"，用淘宝账号登录进入淘宝直播网页版中控台，如图 3-13 所示。

图 3-13　淘宝直播网页版中控台

（2）创建直播预告。在中控台点击直播—直播管理—创建直播（如图 3-14 所示）。上传封面并填写直播信息—创建直播—完成直播预告创建（如图 3-15 所示）。

图 3-14　创建直播预告

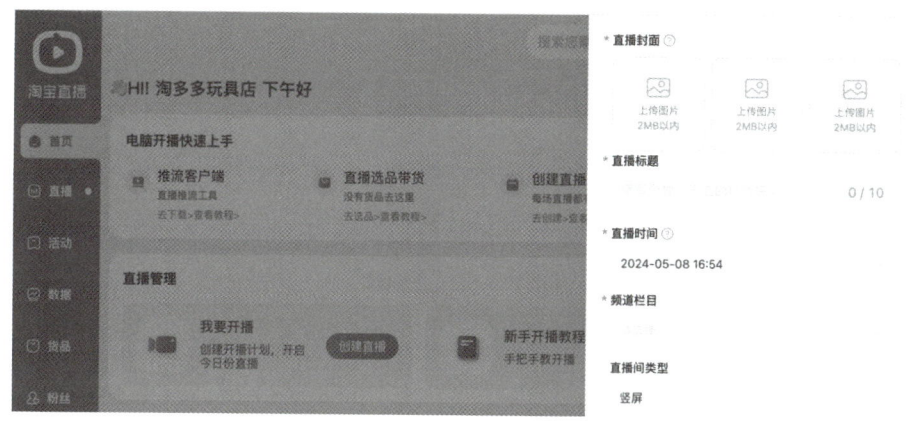

图 3-15　直播创建

（3）选择直播场次。在直播—直播管理中选择要上传商品的直播预告，点击播前准备。如图 3-16 所示。

图 3-16　播前准备

（4）选择上传商品至口袋宝贝或待直播商品。口袋宝贝栏：上传商品至口袋宝贝后，开播后商品直接进入口袋宝贝，序号和顺序与播前准备中看到的一样。如图 3-17，进入口袋宝贝页面，点击"添加宝贝"，将商品添加至口袋。待直播商品栏：上传商品至待直播商品后，开播后需要手动推送商品进入口袋宝贝。如图 3-18 所示，手动添加宝贝。

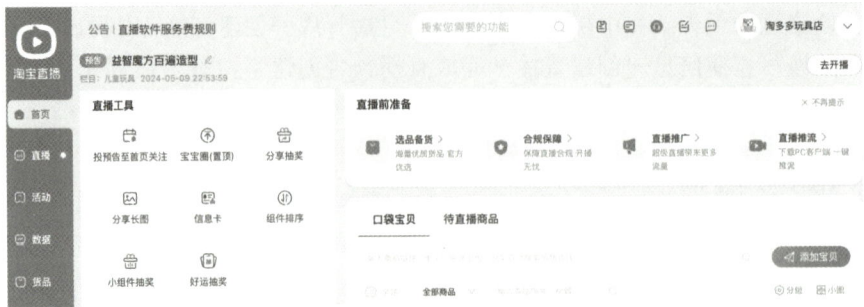

图 3-17　口袋宝贝及待直播商品

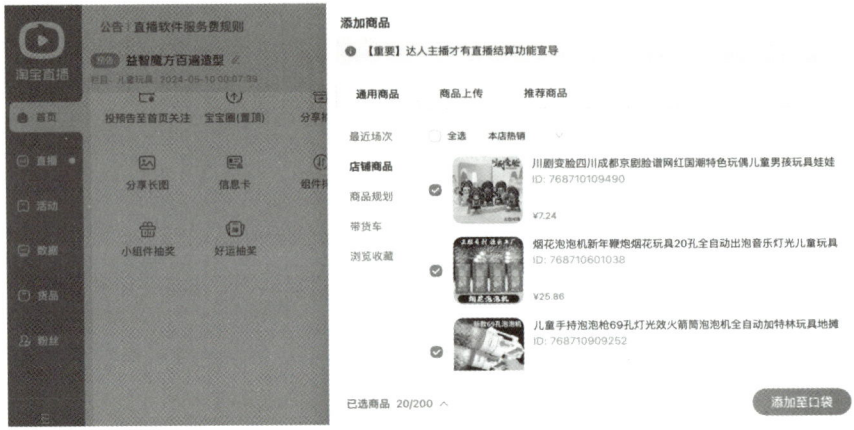

图 3-18　添加商品

（5）添加商品后，点击"去开播"，商品则成功添加至直播间，如图 3-19 所示。商品上架后，主播可直接开始直播。

图 3-19　商品上架

商品上架后，点击直播间的红色购物袋，我们可以看到从上向下的商品排列。前10%的商品处于购物袋的热门位置，用户在前几屏就可以刷到。因此，商家在上架商品时要有所侧重，把想要重点销售的商品放在前列，这样才能带来转化率和销售额的提高。

在一场直播中，主播往往要在直播的不同阶段上架不同的商品。例如，直播开始，主播要上架印象款，即促成直播间第一次交易的商品，以增加用户对主播及其商品的信任感，进而提高再次进入直播间的概率。印象款一般是高性价比、低客单价的常规商品，特点是实用，人群覆盖面广。要想快速提升直播间流量，引流款是必不可少的。引流款的价格比较低，毛利率处于中间水平，由于大众具有趋利心理，会因为商品的低价进入直播间。直播的开始阶段，主播可以开展限量"秒杀"活动，如 1 元包邮、9.9 元包邮等，快速提高商品的转化率。

为了增加粉丝量，提高粉丝转化率，主播可以推出福利款，即用户在加入粉丝团以后才能抢购的商品。福利款一般也会采取限时限量的特价形式刺激粉丝购买，如"原价199 元，现在'宠粉'价只要 59 元，1 万件限量，先到先得"。

主播还要推出利润款来实现盈利，在整场直播中，利润款要占很高的比重。利润款一般采用商品组合定价，如套盒套装形式。主播要在直播间人气值非常高的情况下趁热打铁，适时推出利润款，这样更容易提高转化率。

二、直播商品讲解

直播商品讲解被称为直播公域流量利器。使用直播讲解功能的直播间，所对应的"直播讲解"将会被淘宝直播个性化投放到频道页的所见所得、猜你喜欢等模块，获得更多的曝光；用户点击相应模块后，直接进入直播间。

（一）商品讲解的设置步骤

主播在直播过程中讲解某款商品时，可以在电脑端淘宝中控台或手机端淘宝主播APP"口袋宝贝"中设置讲解，系统会在该时间点生成一个看点视频。为商品设置直播讲解的具体步骤如下：

（1）打开淘宝主播 APP，并确保当前的直播间状态是开播中，在"口袋宝贝"中点击某商品"开始讲解"按钮，如图 3-20 所示。

（2）点击停止，可结束商品讲解录制，如图 3-21 所示。

设置直播讲解应注意以下几点：

（1）确保正在讲解的商品和被标记"直播看点"的商品信息一致。

（2）在录制直播讲解时，直播间必须在开播状态。

（3）录制画面会有些延迟，需要多讲一段时间保证商品一定出现。

（4）被标记"直播看点"的商品，需要确保商品主图中有一张是白底素材图。

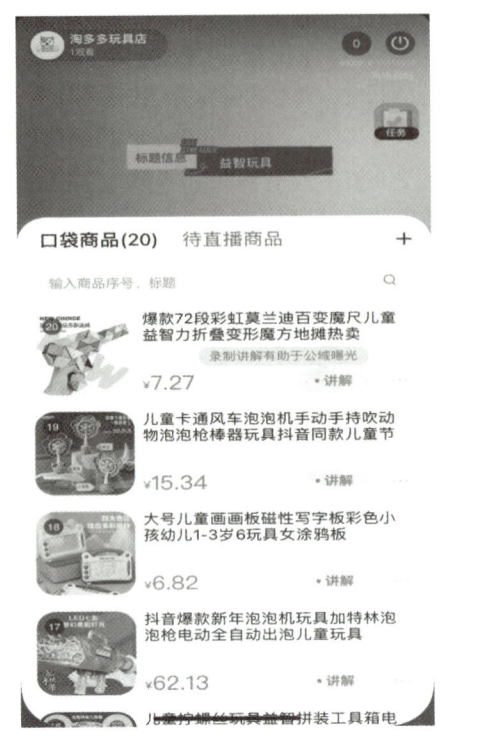
图 3-20　商品讲解录制

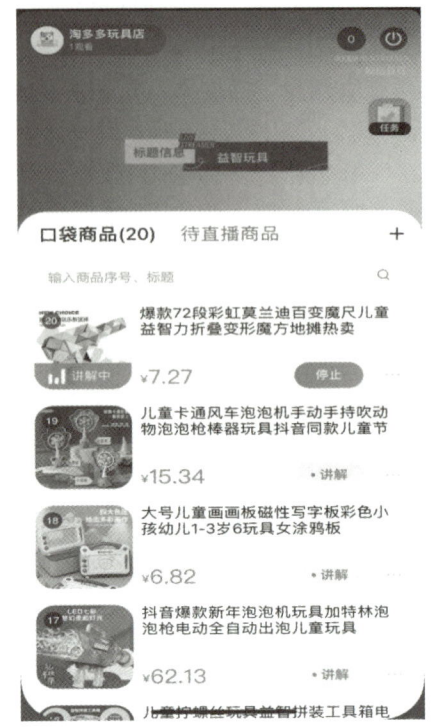
图 3-21　商品讲解录制停止

(二) 直播商品讲解技巧

直播商品讲解的技巧是关乎直播间营销效果的重要因素。主播可以通过需求引导、引入商品、赢得信任、促成下单4个步骤完成直播商品的讲解。

1. 需求引导

需求引导主要是通过挖掘用户需求为引出商品做准备。主播要围绕商品的特点，找出用户购买该商品之后能解决的最核心的问题，然后以自己的亲身经历或朋友的经历为例，叙述用户可能会遇到的问题，这样可以拉近主播与用户的距离。

需求引导的关键点是用户深受困扰、迫切需要解决的痛点。这时推荐一款商品，正好可以解决用户的燃眉之急。例如，主播推荐某款祛痘霜时，可以这样说："不知道女生们有没有遇到过这样的困扰，去约会时，虽然我们化了妆，但对方还是看到了我们脸上没遮住的痘印，这非常尴尬。其实缓解这种尴尬很简单……"

2. 引入商品

完成需求引导后，主播接下来就要引入商品，围绕商品的卖点、使用感受等进行描述，让用户通过各个感官感受商品的特色，从而让其内心感觉值得购买，激发其购买欲望。

在这个环节中，主播要重点描绘商品的使用场景，把使用体验说清楚，激发用户的感性思维，从而刺激用户做出消费行为。例如，主播在推荐一款"触屏保暖手套"时可以这样说："这款手套的内层采用柔软的绒毛材质，外层则是防风防水的高科技面料，指尖部分特别设计了触屏功能。在下雪的街头，戴上这款手套，让你在寒冷的天气里不仅双手暖暖的，还能畅快使用手机，发送消息，轻松操作，随时随地捕捉冬日里的美好瞬间。"

3. 赢得信任

赢得用户信任也是直播营销的关键点。赢得信任的方式主要有3种：权威推荐、数据证明和现场体验。

① 权威推荐。权威人物或机构本身就具有一层光环，能得到大多数人的认可和信任，其本身就是说服力的象征。如果权威人物或机构来为商品推荐，会极大地增加商品在用户心中的好感度。主播在介绍商品的权威背景内容时，不能影响商品讲解信息的传播和理解，要使用用户普遍可以理解的话来介绍商品的权威背景内容。例如，"世界500强公司的高管层，如财务总监、销售总监都在穿的牌子。"

② 数据证明。主播可以用具体的销量、顾客评分、好评率、回购率等数据来证明商品的优质及受欢迎度。例如，"这款餐具累计销售30万套了，顾客评分4.9分，用过的人都知道……"

③ 现场体验。主播可以在直播间现场试用推荐的商品，并且分享使用的体验与效果，验证商品的功能和特色，这样对用户更有说服力。

4. 促成下单

在经过以上3个步骤的铺垫后，主播可以使用以下技巧来促成用户下单。

① 展现价格优势。主播可以展示商品的官方旗舰店价格或市场价，与直播间的价格进行对比，营造价格优势，让用户感觉物超所值。例如，"这款洗发水在天猫旗舰店的价格是89元1瓶，今天晚上在我们直播间的用户，享受买两瓶直接减89元，相当于第一瓶89元，第二瓶不要钱，真的是超值……"

② 限时限量。主播可以通过限时限量话术完成对用户的催单，用具体的数据营造直播间"秒杀"的气氛，让用户跟着完成购买行为。例如，"现在直播间15 000人，我们今天就送前1 000名等价礼品。倒数5个数，5（让助理配合说'还剩500单'），4（让助理配合说'还剩200单'），3（让助理配合说'没了没了'）。"

（三）非遗文化产品直播详解

在掌握直播商品讲解技巧的基础上，结合非遗文化产品的特性，可细化非遗文化产品直播讲解技巧，包括传统技艺展示、互动交流、知识普及和品牌推广等。

1. 展示技艺和实物

非遗传承人可以通过直播现场展示自己的技艺和实物，向观众展示传统文化的魅力和独特性。观众可以通过直播了解传统文化的技艺

展示技艺和实物

和工艺过程，对非遗文化有更深刻的了解和认知。

2. 互动交流

直播平台为观众和传承人提供了互动交流的机会，观众可以通过文字短消息（如弹幕）与传承人进行互动和交流。主播可以提出问题，分享看法，鼓励观众提问、评论和分享，及时回复他们的问题和关注点。同时，直播间也可以进行互动抽奖、问答等活动，增加观众的参与度，加深观众对传统文化的了解。

3. 知识普及

直播可以让非遗文化知识得到更广泛的传播和普及。传承人的现场解说和直播讲解，可以帮助观众更轻松地了解和学习非遗文化知识，增加对传统文化的认知和兴趣。

4. 创意内容

结合现代流行元素，如将传统民族乐器融入现代音乐中，可以吸引更多年轻人的关注，展现民乐的多面性。

5. 注重传承与创新

在保持传统文化精髓的同时，注重创新，使非遗文化产品更加符合现代审美和市场需求。

6. 讲述传承人的故事

在直播过程中介绍非遗传承人的经历、坚守和付出，让观众对非遗传承有更深刻的认识。

7. 强调实用性和艺术性

说明产品在日常生活中的用途，以及其作为艺术品的观赏价值。

任务五　直播气氛维护——以非遗文化产品为例

主播通过直播吸引用户并不是最终目的，而是促进订单转化的一个重要途径。为了能让直播间"带货"数据保持稳定增长，提升粉丝互动体验，主播在淘宝直播时不能只顾自己说话，要引导用户热情地互动，以提升直播氛围。直播间的热烈氛围可以感染用户，吸引更多的人进入直播间。

一、设置吸睛的直播间贴片

直播间贴片是商家提高直播间效率的重要工具。主播可以利用贴片装修直播间，直观地向用户展示商品信息和店铺优惠、互动信息，减少重复口播带来的时间损耗，为商品讲解留出更多的时间，从而促进购买转化。

直播间贴片在直播装修市场中，可选择前置贴片、智能商品卡、主播信息卡、AI智能装修等，如图3-22所示。贴片一般展示主播信息（身高、体重、尺码）、主题活动、优惠购买方式、互动方式，主播在设置贴片时要考虑好大小和位置，保证用户看清贴片信息的同时不要遮住主播，一般把贴片放在直播画面的两侧。

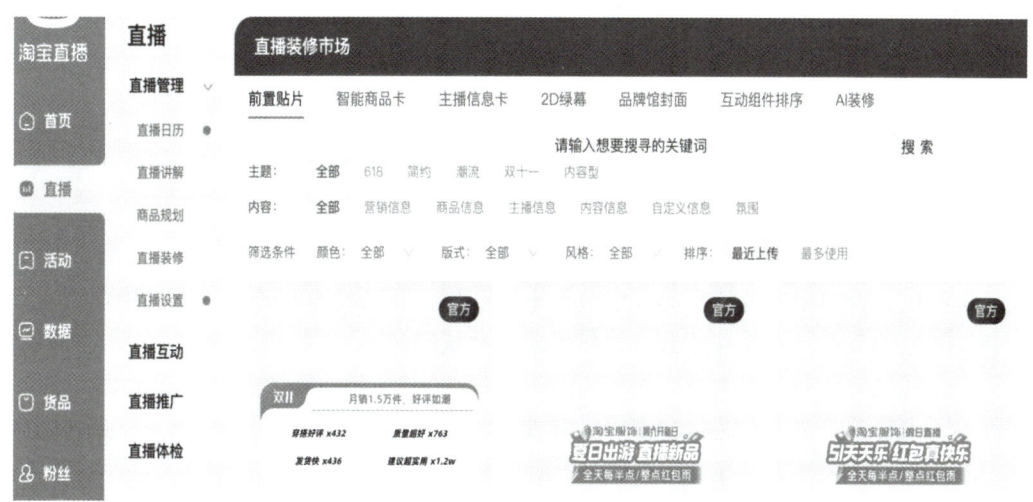

图3-22　直播间贴片

主播在设置贴片时要根据自己直播间的背景来选择合适的贴片。为了让贴片更吸引眼球，贴片的颜色与直播间背景颜色要对比鲜明，而且贴片上的文字不能太小。一般来说，图案贴纸比文字贴纸更有趣，更具个性化。

二、直播红包互动

为了活跃直播气氛，增加用户在直播间的互动，主播可以在直播间发红包，给用户具体、可见的利益。主播在发红包之前要先约定时间，提前告诉用户，自己会在5分钟或10分钟之后准时发放红包，并引导用户进入直播间抢红包。而到了约定时间，主播或助理要兑现承诺，准时派发红包。为了营造热烈的氛围，主播可以在发红包之前倒计时，使用户产生紧迫感。

在不同的直播间，主播发红包的方式也要有所不同，每个直播间都要有适合自己的发红包方式。

（一）在线人数不超过200人的新直播间

在线人数不超过200人的新直播间，为了提升直播间的人气，主播可以尝试发红包，解决在线人数太少、无人互动的尴尬局面，同时解决关注增量问题，延长用户在直播间的停留时间。

主播要在介绍完商品、用户互动且拍下订单以后再发红包。这时主播可以这样说："好了，现在进入我们的红包环节了，我们要在粉丝群里发放大额红包，没有进群的朋友们赶快进粉丝群！点击直播间左上角主播的头像进去，会看到'关注'和'粉丝群'选项，点击'粉丝群'就能进群了。快来吧，主播马上就要发放大额红包了！"

主播要拿起手机，对着镜头演示如何进粉丝群，然后倒计时 10 秒，让用户做好准备，例如："我给大家 10 秒的时间准备，10 秒后我就在群里发红包。10，9，……，2，1，开始！"同时，主播要打开粉丝群，在镜头前展示抢红包的人数。

（二）在线人数超过 200 人的直播间

如果直播间的在线人数超过 200 人，或者直播间不适合设置粉丝群，主播可以通过支付宝发红包。支付宝发红包的方式有两种，即现金红包和口令红包。

1. 现金红包

主播一般要在某个节点上发红包，如点赞满 2 万发红包，而不是整点或每半个小时发一次红包，否则用户可能会等固定节点来抢红包，互动性不高。只有通过用户的互动到达发红包的节点，直播间才会有很热烈的互动氛围。

现金红包的金额不能太少，例如"红包金额 200 元起，每增加一名关注就增加 10 元红包"主播要一边说，一边拿着手机对着镜头演示如何关注，引导用户关注直播间，这一过程可以持续 5 分钟左右，主播要不断强调发红包的金额，并在镜头下演示，例如，刚开始时是 200 元，增加一名关注，就输入 210 元，再增加一名关注，便输入 220 元，以此类推……主播要在这个时间段内向用户演示如何领到红包，直播助理要在旁边烘托气氛。

发完红包以后，主播要向用户展示抢到红包的人数和金额，强化抢红包活动的真实性，以激发用户更大的参与热情。

2. 口令红包

口令红包是指在红包中设置输入口令，一般为商品或品牌的植入，接收红包的人在输入口令的同时就对商品或品牌产生了一定程度的印象，并加深了对商品或品牌的记忆。

一般来说，口令红包多采取优惠券的形式，用户在收到红包以后，必须购买商品才能使用红包，否则红包金额就只是一串没有任何意义的数字符号。因此，在抢到红包以后，一些用户会选择购买商品，以免浪费红包，这就提升了直播间的购买转化率。

想获得更好的营销效果，主播就要对口令红包的使用做出限制，例如，红包必须满足一定条件才能使用（如满 99 元可使用），且红包必须在限定时间内使用才能获得优惠。

三、设置直播抽奖环节

抽奖功能是主播与直播用户互动、拉新涨粉的利器，能活跃直播氛围，提升流量，也是主播常用的互动玩法，是活跃直播间氛围的一种方式。主播通过直播间抽奖环节，增加用户的平均停留时长，培养用户黏性。在设计抽奖环节时，应遵循以下三个原则。

（1）奖品为直播间推荐过的商品，或爆品，或新品。
（2）奖品不能集中抽完，而要分散在各个环节中。
（3）主播要尽量通过点赞数和弹幕数把握直播抽奖的节奏。
抽奖环节的具体形式主要有以下几种形式：

1. 签到抽奖

主播每日定时开播，在签到环节，如果用户连续七天来直播间签到、评论，并保存好评论截图发给主播，当主播核对评论截图无误后，用户即可获得一份奖品。

2. 点赞抽奖

主播在做点赞抽奖时，可以设置每增加2万点赞就抽奖一次。

3. 问答抽奖

主播在做问答抽奖时，可以在"秒杀"活动中根据商品详情页的内容提出一个问题，让用户在其中找到答案，然后在评论区评论，主播从回答正确的用户中抽奖。

4. "秒杀"抽奖

"秒杀"抽奖分两次，第一次是在主播剧透商品之后，"秒杀"开始之前抽奖；第二次是"秒杀"之后，剧透新商品之前抽奖。主播要把控好抽奖和新商品介绍切换的节奏。

四、发起互动小游戏

淘宝直播中的互动小游戏是指以挑战赛的形式让主播与用户互动，用户点赞会影响主播的分值，而主播挑战成功才能送出福利。主播要通过小游戏和用户形成良好的互动，营造出真正的挑战感、紧张感和综艺感。

在淘宝直播间发起互动小游戏，直播间的互动率和观看时长可以大幅度提升。发起互动小游戏的核心要素有以下三点。

1. 充分预告

直播开始时，主播要发出互动小游戏预告，让用户有动力为了好玩的互动内容和预期的权益准时进入直播间，从而提高直播间的观看时长。预告方法可以是直播间顶部公告通知、直播间贴纸预告，也可以是主播不断口播预告。

2. 引导用户点赞

用户点赞会影响主播在游戏中获得的分值，分值越高，主播发出的权益才会越大。因此，主播要引导用户点赞，以提升直播间的互动率。

3. 配置权益

主播要为互动小游戏配置一定的权益，可以是大额优惠券、红包或小样礼品。主播在设置权益时，可以根据分值设置不同的等级，也可以从点赞的用户中抽取几位，额外赠送小礼品。

任务六　直播粉丝运营与后期维护

主播通过直播吸引用户并不是最终目的，而是促进直播转化的一个重要途径。主播的粉丝数量增加可以提升直播带货的数据，但要想让带货数据保持稳定增长，主播就要做好粉丝运维，维持粉丝黏性，给粉丝继续关注直播间的理由。

一、了解粉丝的心理特征

淘宝主播要想做好粉丝的运营和维护，就要学会洞察和分析粉丝的心理。一般来说，进入直播间的粉丝主要可以分为4种类型，即高频消费粉丝、低频消费粉丝、其他主播的粉丝和新进入平台的粉丝。

1. 高频消费粉丝

高频消费粉丝在特定的直播间有过大量的购买行为，长期在直播间与主播互动，同时喜欢反馈购买情况，因此这些粉丝已经有了稳定且习惯的购物环境和购物预期。

对于这类粉丝，主播不能懈怠，要保证货品的丰富度，防止粉丝多次看到重复的商品而渐渐失去兴趣；主播要保证商品的价格和质量优势，这是吸引粉丝的最重要因素，毕竟粉丝来直播间购物的目的是买到物美价廉的商品，如果价格太贵或质量不好，他们就会失去关注主播的动力；主播要在直播间时刻保持热情状态，情绪饱满地与粉丝积极沟通，并时刻提醒粉丝与自己的关系，强化粉丝的认知，同时积极回复粉丝的问题，做好售后工作。

2. 低频消费粉丝

粉丝消费频次低的原因有很多，例如，没有看到自己喜欢的商品、不太了解商品、对主播的信任度还不是很高等。他们消费频次低很大程度上是为了降低前期的试错成本，如果主播没有及时引导这些粉丝，或尚未重视这些粉丝，导致这些粉丝感觉自己不被重视，就更加深了粉丝与主播的隔阂。

对于这类粉丝，主播要提升直播间的货品丰富度，提高粉丝看到满意商品的概率，最大限度地满足粉丝的需求，从而提升粉丝对自己的好感。另外，为了让粉丝感受到主播的诚意，主播可以为粉丝提供专属福利，如赠送商品、价格减免等。

3. 其他主播的粉丝

这类粉丝一般会按既定的时间来到他们关注的主播直播间观看直播和购物，但有时也会因为他们喜欢的主播没有直播而到直播广场随意浏览，偶然进入某直播间。粉丝这时还没有建立对该直播间主播的认知和信任，对主播推荐商品的质量和售后服务等情况都处于观望状态。针对这类粉丝，主播要进行低价引导。主播介绍的商品价格要比其他主播的同类商品低一些，这样可以刺激粉丝的价格敏感心理，吸引他们的关注。同时，主播要积极地引导这些粉丝关注直播间，并承诺关注直播间他们会获得什么利益。例如，主播可以向新粉丝提供专属福利，如赠送商品、价格减免等，让新粉丝感受到主播的诚意。

4. 新进入平台的粉丝

这类粉丝对直播电商的信任度并不高,只习惯到电商平台通过搜索特定的商品来购买,他们并不太了解直播电商平台的操作规则,即使想购买商品,也不知如何购买。这类粉丝进入直播间往往是因为主播的非电商特点,如搞笑等,甚至有的粉丝是因为不小心点击电商平台的某个链接而进入直播间的。

对于这类粉丝,主播要展现良好的形象,以专业的知识、态度及个人的气场和谈吐来增强粉丝对主播的好感。由于这类粉丝进入直播间的购买目的性比较弱,主播要加强消费引导,强调购买商品带给粉丝的利益,或使用优惠券、红包、抽奖等活动形式吸引粉丝关注。同时,主播要与粉丝积极互动,拉近与粉丝之间的心理距离,增加粉丝对主播的信任感,从而提升购买转化率。

二、有效提升粉丝黏性的策略

直播电商除要注重商品的品质以外,更重要的是以人为本,主播要与粉丝互动,在留住粉丝以后加深粉丝的信任,提升粉丝的黏性。主播在进行粉丝运营时可通过以下策略来提升粉丝的黏性。

(一)设置粉丝亲密度

粉丝亲密度是指粉丝和主播之间互动的频率指数。设置粉丝亲密度是积累和转化粉丝、提高互动数值的有效方式。粉丝在进入直播间后,只要进行一系列的操作就可以积累分值,在达到一定的亲密度分值后就可以升级为不同等级的粉丝。粉丝等级越高,享受的权益就越大。粉丝等级、等级数量及其分值区间见表3-4。

表3-4 粉丝亲密度区间设置

粉丝等级	等级数量	分值区间
新粉	3	0~499
铁粉	4	500~1499
钻粉	5	1 500~14 999
挚爱粉	6	15 000以上

粉丝可通过每日签到、观看直播、加购商品、浏览商品详情页、点赞、评论、分享、购买商品、查看主播主页和关注主播等操作获得亲密度分值,主播可设置每个操作获得亲密度分值的上限。在后台确认开通玩法后,粉丝即可在直播间看到与主播的亲密度。

粉丝点击左上角的"领取亲密度"入口,在弹出来的窗口会看到粉丝特权。粉丝特权会吸引粉丝为获得专属的权益而增加互动,提升粉丝等级。

"今日任务"为粉丝要做出哪些互动提供了指引,每个任务完成后,粉丝会收到相应的亲密度分值变化提示。为了提升粉丝互动量，主播可以在直播过程中对粉丝进行引导。

（二）运营自己的私域流量

主播可以把粉丝引流到私域流量池，例如让粉丝加微信或粉丝群。主播在运营自己的私域流量时，要为粉丝树立正面的形象，打造差异化人格，并不断强化人格属性。打造人格化IP，容易让粉丝产生亲近感和崇拜感，有利于加强粉丝对主播的信任感和依赖感。

粉丝在进入主播的私域社群后，不希望一直看到商品宣传，尤其是刷屏卖货，所以主播要转换思路，为粉丝持续性地提供优质、有价值的内容。

（三）通过互动讨论增进粉丝关系

在直播中，通过互动讨论可以提升粉丝的参与感。互动讨论常用的方法就是推出话题，让粉丝参与到直播话题中，从而进行互动。在设置直播话题时，主播需要注意三个方面，如图3-23所示。

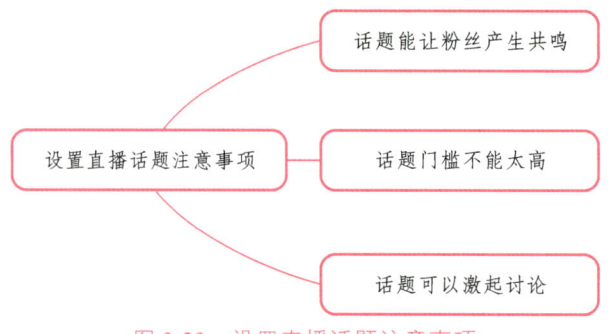

图 3-23　设置直播话题注意事项

1. 话题能让粉丝产生共鸣

主播在设置话题时，要根据粉丝群体判断共鸣的话题，只有话题让粉丝产生共鸣，他们才会有表达的意愿。例如：主播粉丝群体大多数为在校大学生，那么主播应选择"校园""学习"等话题。

2. 话题的门槛不能太高

在设置直播话题时，主播要注意话题的门槛不能太高。过于高深、专业的话题往往让粉丝望而却步，而门槛较低的话题能够让更多的粉丝参与到话题的讨论中。

3. 话题可以激起讨论

在设置直播话题时，为了吸引粉丝参与话题讨论，主播要设置一些有讨论点的话题，这样能够激发起粉丝讨论的热情，有不同偏好的粉丝在讨论话题的过程中也会产生"论战"，从而不断推动讨论达到高潮。例如：欧美妆和中国妆你更喜欢哪一种？

总而言之，直播话题是促使粉丝活跃、提升直播活跃度的有效方法。参与话题的粉丝越多，讨论得越热烈，直播的活跃度越高。因此，在设置直播话题时，要尽量让更多的粉丝参与到话题讨论中来，增加粉丝的停留时长，提高购买转化率。

项目小结

本项目主要以淘宝直播为主要内容,介绍了淘宝直播现状、直播平台规则。在引入了淘宝直播开播前选品的原则、方法等内容后,逐步解释了淘宝直播产品上架、产品讲解、引流等技巧,旨在帮助提升直播效果、掌握直播相关技能,并说明了如何对粉丝进行运维以及淘宝直播后期管理。本项目以非遗文化产品为例进行详解,进一步补充了直播电商的相关内容。

实训练习

一、课后实践

(一)实践目标

(1)熟悉淘宝直播平台的特点。
(2)掌握淘宝直播平台进行直播带货的具体操作。
(3)掌握在淘宝直播平台上开启直播的主要流程。

(二)实践内容

选择淘宝直播平台,以黄平泥哨为直播产品,完成开通直播、选品、添加商品、直播间促销等操作。

(1)开通淘宝直播,完成实名认证。
(2)添加黄平泥哨为直播商品,为商品设置直播讲解。
(3)直播时,在直播间使用发红包、福利抽奖、互动小游戏等方式,活跃直播间氛围,提升粉丝黏性。
(4)做好直播时粉丝的运营与维护。

(三)实践要求

(1)直播时长至少半小时。
(2)通过粉丝维护、优化直播内容等运营方式,争取将直播间峰值在线人数增加到1 000人以上。

二、课后习题

(一)单选题

1.(　　)是目前淘宝直播的主力军,适合有粉丝基础的人,他们既能销售自己的产品,又能为企业和品牌"带货"推广。
A."达人"直播　　　　　　　　B. 淘宝全球购买手直播
C. 淘宝店铺直播　　　　　　　D. PGC 生产者直播

2. （　　）是根据用户的社会属性、生活习惯和消费行为等信息而抽象出的标签化用户模型。

　　A. 用户人设　　　　B. 用户画像　　　　C. 主播人设　　　　D. 用户数据

3. （　　）即求廉心理，在其他条件大体相同的情况下，价格往往成为左右用户是否购买某种商品的关键因素。

　　A. 适用　　　　　　B. 从众　　　　　　C. 经济　　　　　　D. 攀比

4. （　　）是借助最新热门事件、新闻热点等，并以此创作标题，通过用户对社会热点的关注来引导用户关注直播。

　　A. 借势热点　　　　B. 巧设悬念　　　　C. 设置利益点　　　D. 引发好奇

5. （　　）功能被誉为淘宝直播公域流量引入利器，正确使用了该功能的直播间会被平台个性化投放到频道页模块、淘宝主搜模块、猜你喜欢模块等模块，获得更多的公域流量曝光机会。

　　A. 直播爆点　　　　B. 直播看点　　　　C. 直播痛点　　　　D. 粉丝推送

6. （　　）商品应当具有独特优势和卖点，最好做到"人无我有，人有我优"。

　　A. 福利款　　　　　B. 引流款　　　　　C. 利润款　　　　　D. 清仓款

（二）多选题

1. 以下哪些是淘宝直播的优势？（　　）

　　A. 实时互动性强　　　　　　　　　　B. 商品展示直观
　　C. 能快速提升销量　　　　　　　　　D. 粉丝黏性高

2. 淘宝直播中，主播可以通过以下哪些方式吸引观众？（　　）

　　A. 发放优惠券　　　　　　　　　　　B. 进行抽奖
　　C. 展示才艺　　　　　　　　　　　　D. 讲述有趣的故事

3. 以下哪些因素会影响淘宝直播的效果？（　　）

　　A. 直播时长　　　　　　　　　　　　B. 主播的专业度
　　C. 商品质量　　　　　　　　　　　　D. 直播场景布置

4. 淘宝直播的推广渠道包括（　　）。

　　A. 淘宝首页　　　　　　　　　　　　B. 微淘
　　C. 粉丝群　　　　　　　　　　　　　D. 社交媒体平台

5. 以下哪些是淘宝直播选品的要点？（　　）

　　A. 符合主播风格　　　　　　　　　　B. 有市场需求
　　C. 价格有优势　　　　　　　　　　　D. 质量可靠

6. 在淘宝直播中，以下哪些做法有助于提升直播间的人气？（　　）

　　A. 定期举行抽奖活动　　　　　　　　B. 提供限时优惠
　　C. 增加直播的时长　　　　　　　　　D. 频繁更换直播主题

7. 淘宝直播中，以下哪些行为可能增加直播间的转化率？（　　）

　　A. 提供详细的商品介绍　　　　　　　B. 展示商品的实际使用效果
　　C. 忽略观众的互动　　　　　　　　　D. 强调商品的优惠信息

项目四
新兴电商平台直播推广分析
——以抖音农特品与文旅产品为例

新兴电商平台直播推广分析——以抖音农特品与文旅产品为例
- 任务一 以抖音为例的平台认知
  - 抖音平台的特点
  - 抖音直播用户特点分析
  - 抖音直播流量分配规则
  - 抖音直播电商的特点
  - 其他主流电商直播平台
- 任务二 以农特品与文旅产品直播选品——以人为例
  - 选品原则与方法
  - 农特品选品分析
  - 文旅产品选品分析
  - 直播商品组品与定价策略
- 任务三 农特品与文旅产品直播引流——以人为例
  - 短视频引流
  - 直播封面、标题的设置
  - 平台内付费推广
  - 新型旅游业生态视频与直播
- 任务四 农特品与文旅产品直播产品上架及讲解——以直播为例
  - 上架商品链接
  - 直播商品的讲解技巧
- 任务五 农特品与文旅产品直播气氛维护——以人为例
  - 直播互动
  - 品牌助播增流
  - 做好直播控评
- 任务六 直播粉丝运营与后期维护
  - 增加粉丝停留
  - 提升粉丝转化与黏性
  - 直播售后管理
  - 直播内容二次转播
  - 直播复盘

素养目标

- 保持对直播行业的敏锐感知,提高专业素质和专业能力
- 提升自学能力,能够做到举一反三,保持可持续发展
- 增强爱国主义情怀和民族自豪感,培养集体意识和团队合作精神
- 增强借助直播产业助力乡村发展的意识,提升社会责任感

学习目标

- 掌握抖音直播权限开通和主播人设打造的方法
- 掌握抖音直播选品方法,以及直播商品结构规划及定价策略
- 掌握抖音直播引流方法,以及商品上架策略与讲解技巧
- 掌握抖音气氛维护和粉丝运维的方法
- 掌握抖音直播商品物流、售后管理、数据分析和直播内容二次传播的方法

本项目各任务内容基于抖音平台展开。

抖音是一个典型的内容电商平台,主要的变现渠道有广告、电商和用户付费,而直播是内容电商的变现形式之一。在开通直播之后,导购变得更加便利和简单。商家和主播要做好直播内容的定位,向用户提供有价值的内容,从而吸引越来越多的用户关注。同时,商家和主播要通过选品、引流、上架商品和商品讲解来带货,并做好粉丝运维,不断提升直播的影响力和变现能力。

任务一 以抖音为例的平台认知

一、抖音平台的特点

抖音是由今日头条孵化的一款音乐创意短视频社交软件,于 2016 年 9 月 20 日上线。随着平台的不断发展,抖音的用户量不断攀升,2018 年抖音正式启用全新的品牌口号"记录美好生活",强调平台的普适性。如今,直播和短视频融合发展,抖音平台不只在短视频领域发展势头较好,在直播电商方面也与淘宝网和快手展开了激烈的竞争。

1. 短、平、快

抖音视频的时长一般很短,创作周期短,制作门槛低,每个人都可以创作,而且视频的浏览速度快,一般为 10~20 秒。抖音默认打开的是"推荐"页面,只需用手指轻轻一划,就可以播放下一条视频,用户的不确定感更强,这更吸引用户观看,从而打造出了沉浸式的娱乐体验。

2. 用户体量大

抖音平台的用户体量大。2023年抖音的月活跃用户数量已超8亿人，用户更加多元化，活跃度高，使用频率高，用户对抖音平台的黏性不断增强。

3. 精准推送

抖音平台可以利用画像分析用户的兴趣爱好，进行有针对性的推送，这不仅能减少对用户的干扰，还可以帮助广告主找到精准用户。

4. 霸屏模式

抖音采取霸屏阅读模式，降低了用户注意力被打断的概率，而且抖音没有时间提示，用户在观看视频时很容易忽略时间的流逝。

5. 互动性强

抖音会定期推出视频标签，引领用户参与到同一主题视频的创作中。这些视频标签激发了用户的创作灵感，用户创作出来的内容具有很高的参与感和娱乐性，被其他用户分享的概率也大大提升。

二、抖音直播用户特点分析

1. 年龄分布

抖音直播在用户年龄分布上呈现出年轻且均衡的趋势，没有极端化现象，其中18～23岁占23%，24～30岁占24%，31～40岁占27%，41～50岁占12.6%，51岁以上占13.4%。[①]

2. 性别分布

虽然男性是直播用户中的主力军，但直播的女性用户占比也不低，其中男性占比63%，女性占比37%。

3. 地域分布

抖音直播的地区用户中，广东、河南、江苏、山东、浙江、四川、河北、安徽、湖北的占比较大，其中河南、山东、江苏的TGI（人群偏好度）指数最高分别为115、109、102。TGI指数，即Target Group Index/目标群体指数，表示某一群体对该关键词/视频等内容的偏好程度。TGI100为大盘水平。TGI指数越高，表示用户越关注该部分内容。

三、抖音直播流量分配规则

抖音直播流量分配规则

（一）流量入口

抖音直播目前有3个流量入口，分别为附近的人、直播广场和短视频。

1. 附近的人

主播在开播后，系统会随机推送给附近的人，所以附近的人在刷抖音时会看到主播

---

① 本部分数据来源均为巨量算数：http://trendinsight.oceanengine.com/.

的直播，如果感兴趣，就有可能点击进入直播间。因此，为了获得更精准的流量，主播可以修改定位，把定位改为目标用户群体比较集中的地区。

2. 直播广场

用户在直播广场中可以查看所有当前正在直播的直播间，点击对应的页面就可以进入具体的直播间界面。用户可以通过上下滑动来快速切换不同的直播间界面。

3. 短视频

当主播的短视频上热门以后，用户在看到热门短视频时，也会看到账号正在直播的提示，从而通过这个入口进入直播间。只要抖音在短视频上的定位不改变，对于绝大多数的直播间来说，通过短视频向直播间引流的模式，不管是现在还是未来，都将是最大的公域流量来源。因此，主播可以在直播之前发布一条短视频，以增加流量入口，提升直播被用户看到的可能性。

（二）活动排名

在抖音举办电商活动期间，拥有购物车功能的账号可以通过带货效率的比拼、竞争榜单排名，获得相应的流量奖励。在活动期间，所有带购物车的直播间的右下角都会出现活动横幅（Banner），点击即可进入活动页面。榜单按热力值高低排序，热力值根据直播间的点击商品跳转购买量、直播时长数据综合测算。

抽奖、限时"秒杀"、优惠券和口播引导都是很好的直播技巧，可以有效提升转化率。在活动期间，平台会在满足一定基础条件的账号中随机抽取部分成为"幸运主播"，"幸运主播"在活动期间连续完成每日 120 分钟的主播任务，即可在活动结束后获得 DOU＋流量奖励。

四、抖音直播电商的特点

与淘宝网在 2016 年开始布局直播领域相比，抖音在直播带货领域进场稍晚。2018 年 5 月抖音正式开始电商商业化，2020 年，抖音成立电商部门，开辟"内容+电商"业务，积极助力农货销售。

抖音本质上是一个娱乐性较强的社交内容平台，自带流量优势，强大的流量赋予抖音较低的直播获客成本，使其形成了较大的竞争优势。在入局电商后，抖音持续探索流量变现路径，目前已形成以直播、兴趣点（Point of Interest，POI）、购物车和抖音小店为核心的产品矩阵，连接线上与线下，赋能直播商家。

抖音对抖音小店商家的政策倾斜和禁止第三方商品链接进入直播间的举措很清晰地展示出抖音打造电商生态闭环的战略布局，而且这一举措已经有了很直观的效果：2019 年，抖音前 100 位"红人"的商品橱窗中，淘宝网店铺占比 80%以上，而到了 2020 年 10 月，抖音直播商品链接有将近 96%来自抖音小店。

抖音以自己的内容为核心进行分发，导致头部"网红"流量比较分散，不利于私域流量的运营。电商机构很难套用之前的电商运营思路，但是在品牌广告及电商导流方面，抖音效果显著。

2022年5月，在抖音电商的第二届生态大会上，将"兴趣电商"升级为全域兴趣电商，通过覆盖用户全场景、全链路购物需求，满足用户对美好生活的多元需求；通过短视频和直播内容、商城、搜索等多场域协同互通，为商家生意带来新增长。

2023年，抖音电商走向全域一体，提出了"FACT+S全域经营方法论"，以内容+货架双场共振，实现全域协同与增长并行。

五、其他主流电商直播平台

（一）快手直播

与抖音相比，快手更注重下沉市场，流量均匀分发，很受三四线城市用户的喜爱。快手于2016年年初上线直播功能，当时直播在快手仅具有附属功能。2018年年底快手牵手电商，开始向直播领域发展。

2020年3月份，快手推出"品牌C位计划"和"原地逛街"活动的品牌招募活动，包括完美日记、李宁等品牌齐聚快手直播卖货，最终获得超过3亿人的关注度，销售额超过5 000万元。快手小店购物车目前已经对接了淘宝、天猫、京东、拼多多等主流电商交易平台及自建小店等。

快手直播营销的主要用户集中在三线及以下城市和乡镇，产品价格较低。下沉市场的用户黏性极高，有助于提升转化。快手在下沉市场的高渗透率恰恰避开了一二线城市的流量红海，使快手直播在三线及以下城市的营销力发挥到最大。

快手直播的玩法不同于淘宝直播和抖音直播，快手独有的社区文化可以给用户带来非常好的情感体验。快手上很多主播与工厂、原产地和产业链有密切的合作，这些主播的直播内容也紧紧围绕自身属性。例如，主播会直播果园、档口、店面等场景，强调产品源自"自家工厂"。这种直接展现产品源头和产品产地的卖货方式可以让用户更直观地了解产品，从而提升对产品的好感度和对主播的忠诚度。

（二）小红书直播

小红书是年轻人的生活方式平台。数据显示，截至2023年6月，小红书月活用户已经达到2.6亿，其中"90后"用户占比在70%以上，"95后"用户占比超过50%。大量年轻、活跃用户每天产生数亿次的内容分享，涵盖美妆、护肤、时尚、美食、旅行等高频生活场景。2020年，小红书成为中国市场广告价值最高的数字媒介平台。

2019年6月，小红书定向邀请了部分"达人"参与体验小红书的内测直播功能。2019年12月，小红书正式启动直播功能，采用"直播+笔记"的新直播方式，以"种草"带货内容为主，把用户导流到平台店铺。小红书的优势是拥有大量KOL资源，并且还有自己的电商体系，因此有较好的发展前景。小红书的直播流量来源主要是平台自身流量和小红书"达人"的私域流量。直播受众主要针对私域流量，推荐商品以美妆、服饰为主，且基本属于知名品牌。

小红书的定位是生活方式分享社区，直播是基于社区逻辑赋能创作者与粉丝沟通的生态产品，做直播也是创作者在平台上产生的天然需求。小红书直播更偏向于生活方式的分享，直播间好比创作者的场地，而非秀场类的舞台。直播的应用和普及让小红书"消费体验在线化"，互动性更强，即时性更强。

过去，小红书对创作者开通直播功能设置了一定的门槛，只有粉丝量超过 5 000、在过去 6 个月发布过 10 篇或以上自然阅读量超过 2 000 的笔记且无违规行为的用户才可以申请创作者中心使用权限，而只有成为创作者才能申请开通直播权限。随着市场环境的变化，当前开通小红书直播资质仅需按平台要求做好直播人员报备。

千瓜数据推出的《2021 年小红书电商直播趋势报告》显示，2021 年春节期间，小红书带货直播场次占整体直播的 25% 左右，小红书直播的库存保有单位（Stock Keeping Unit，SKU）大幅增长，品牌商家加速入场。小红书直播日均商品点击率为 17.53%，与其他平台相比，小红书直播间的互动情境更能激发用户的消费心理，具有强引导性。

小红书电商直播呈现强劲的消费升级趋势。在保持高客单价的基础上，商品品类向全行业化快速发展。服饰、美食、母婴等品类商品的直播间上架率均超过 5%。

小红书直播用户性别分布以女性为主，粉丝人群标签则更加广泛；在地域分布上，不同于小红书整体用户的全域化，北上广用户高度集中（占比超过 40%），核心用户消费潜力可进行深度开发。

小红书从 2020 年 12 月开始，除了常规直播扶持计划，还进一步扶持新主播及优质中小主播。现阶段是小红书中小主播入局直播的平台流量红利期，同时也是品牌商投放优质中小主播的风口期。在日常营销和促销场景下，优质中小主播更容易满足品牌商的需求，再加上低坑位费、高粉丝价值、平台流量倾斜等积极因素的影响，大概率可以获得更高的直播投放回报率。

如今企业自运营成为品牌营销新课题，小红书企业号带货直播场次约占全部带货直播的三分之一，企业号成为小红书直播领域的重要支柱。企业号直播的目的性更加明确，注重品效统筹，目前已呈普遍发展的趋势，企业号自播应重视投资回报率、引导进店、品宣曝光等综合表现，侧重品效统筹和长期 ROI。

任务二　直播选品——以农特品与文旅产品为例

抖音主播在选品时要遵循一些基本原则，采用有效的方法，并做好商品结构规划，制定合理的定价策略。

一、选品原则与方法

（一）选品的基本原则

抖音直播选品的基本原则有四点，即高性价比、高匹配度、商品独特性和需求及时性。

1. 高性价比

不管在哪个平台，高性价比、低客单价的商品都会在直播带货中更占优势。很多头部主播会给粉丝"全网最低价"且"无条件退换"的福利，这一方面最大限度地保障粉丝的权益，另一方面也让粉丝对主播产生了极高的信任感，回头率高。因此，主播在选品时，商品的客单价不要超过 100 元，100 元是粉丝价格区间的心理上限。如果有条件，选品的客单价最好在 50 元左右，抖音上 60%的"爆款"商品的价格区间为 10～50 元。

2. 高匹配度

选品要与主播人设、账号定位相关联，一方面主播对商品的熟悉度较高，另一方面也符合粉丝对账号的预期，有助于提高商品的转化率。在 2021 年的"抖音年货节"中，抖音账号"罗拉密码"大放异彩，1 月 6 日的"罗拉密码年终盛宴年货节"专场，观看人数累计 892.4 万，人气峰值 7.3 万，最终销售额 6 586.2 万元。在这场直播中，"罗拉密码"一共上架了 141 件商品，商品类型主要是女装，其余则是鞋包、配饰、美妆、洗护用品和零食。与其他女装直播间相比，"罗拉密码"的服装价格跨度更大，但主卖的服装单价相对较低，最便宜的冬季打底衫 59 元，针织毛衫 79 元，下单门槛低。由于将原创品牌、质量好、款式时尚、价格划算 4 个优点汇聚一身，加上主播本人的原创时装设计师的身份，粉丝的信任度和忠诚度就更高。

3. 商品独特性

商品的独特性是指商品的卖点。面对直播间的众多商品，主播可以用"商品特征＋商品优势＋粉丝利益＋赋予情感"来阐述，如"这款粉底液不含硅，不含香料防腐剂，加入了丁香花植物干细胞成分（商品特征），可以提供保湿、防晒等功能。这是一款'宝妈'都可以用的粉底液，不用担心化妆会伤害皮肤这件事（商品优势）。今天，直播间为大家申请了前所未有的优惠（粉丝利益），大家可以买回家，为自己的皮肤做好保养，也让自己的生活更富有营养（赋予情感）。"

4. 需求及时性

在抖音直播活动期间，主播选择的商品要满足活动趋势和粉丝的需求。满足活动趋势是指主播要在抖音的核心销售日如"双十一"、品牌日等目标消费人群集中、购买力最强、销售价值最高、影响力最大的时间，把商品准备充足，并保证商品符合活动的主题，如七夕节的浪漫、中秋节的团圆和亲情。另外，主播要多关注粉丝的需求，多留意和搜集粉丝想要在直播间看到的商品，然后根据这些需求补充商品品类，及时满足粉丝的需求。

（二）选品的有效方法

具体来说，抖音直播选品的方法有以下几种。

1. 商品的降价空间要大

商品要有较大的降价空间，不同商品的降价空间不同，但起码要保证能降价到 8

折。主播选择利润率高、降价空间大的商品，可以凸显商品的价格优势和价格优惠程度，对用户的下单刺激作用更大。在同等的优惠力度下，降价空间大的商品能给人一种更优惠的感觉。例如，某件商品原价 30 元，直播间优惠价 24 元，优惠力度为 8 折；另一件商品原价 100 元，直播间优惠价 80 元，优惠力度也是 8 折，但因为后者降价 20 元，降价空间较大，所以用户感觉更优惠。当然，选品也要符合性价比高的原则，商品的原价不要太高，客单价不要超过 100 元，在这一价格区间内，降价空间越大，就越显得优惠。

2. 商品核心卖点的展示要直观

在直播带货的过程中，主播要演示商品的核心卖点，通过核心卖点的展示来吸引用户对商品产生兴趣，并下单购买。例如，美妆类商品可以通过主播现场化妆来展示效果，食品可以通过屏幕前展示商品撕开外包装后的实物或真人试吃等方式来刺激用户的味蕾，服饰可以展示穿搭效果和对身材的修饰效果，这些商品都是适合直播展示的商品。例如，某美妆抖音账号在直播时，除了要展示口红涂抹效果，主播还一边讲解一边引导如何进行领券下单。而有的商品的核心卖点无法通过直播直观地展示，更适合通过短视频来展示，如家居用品（花洒、去污喷雾等）、五金工具等，这些商品虽然展示性很强，但需要搭建固定的使用场景，而且镜头要跟着商品运动，不适合在静态且固定的直播间中展示。

3. 商品品类要多元化

商品的客单价和品类要控制在一定的比例，避免商品品类和客单价区间的单一化，要照顾到不同用户群体的需求。例如，主播在一场直播中要推荐 20 款商品，其中低客单价的引流款可以有两三款，适中客单价的成单款有 14~16 款，而高客单价的商品有两三款。

二、农特产品选品分析

2022 年 9 月至 2023 年 9 月，抖音电商共助销农特产品 47.3 亿单，平均每天就有 1 300 万个装有农特产品的包裹销往全国各地，在抖音电商里销售的农特产品种类同比增幅 188%。

全域兴趣电商模式带动农货上行，直播间农特产商品讲解总时长达 3 778 万小时，农产品挂车短视频数量 2 186 万条，货架场景带动农特产销量同比增幅 137%。

抖音"山货上头条"采取货品补贴、流量扶持等关键措施，重点助力食用菌和木本油料两大产业带的焕新升级。其中，羊肚菌、菌汤包、银耳、木耳、山茶油、核桃油等商品颇受欢迎，如图 4-1 所示。

（一）农特产品选品原则

随着电子商务的兴起和新零售模式的快速发展，农产品特别是农特产品的流通与销售方式发生了深刻变革。农特产品选品成为影响农民收入、农业产业竞争力及市场满意度的重要环节。

图 4-1　2023 抖音最受欢迎的农产品种类 TOP10

1. 市场需求导向

研究用户心智：深入了解目标消费群体的需求与偏好，如年轻消费者对绿色、原生态农产品的偏好。

数据分析：利用大数据分析市场趋势，识别热门品类与潜在需求。

2. 产品质量优先

"三品一标"认证：优先选择通过无公害农产品、绿色食品、有机农产品和农产品地理标志（简称"三品一标"）认证的产品。

质量保障：确保产品符合食品安全标准，具备可靠的质检报告和政府背书。

3. 供应链稳定

供货能力：评估供货方的生产能力和供货稳定性，确保产品能够持续稳定供应。

物流保障：考虑物流效率与成本，选择便于运输和储存的产品。

4. 差异化竞争

独特卖点：挖掘产品的独特卖点，如地域特色、品种优势或文化故事。

品牌塑造：通过品牌建设提升产品附加值，增强市场竞争力。

（二）农特产品选品策略

1. 选择"三高一低"产品

高毛利率：选择具有较高毛利率的产品，保障销售利润。

高相关性：选择与自身内容或平台定位高度相关的产品，增强用户黏性。
高内容性：选择内容性强的产品，便于创作吸引用户的内容。
低曝光度：避免选择市场已高度饱和的产品，选择具有市场潜力的新品或小众产品。

2. 满足用户潜在需求

好奇之心：选择具有新颖性、趣味性的产品，激发用户的好奇心。
好胜之心：通过强调产品的独特性、稀缺性，满足用户的优越感。
好善之心：结合公益营销，引导用户通过购买产品帮助农民或扶贫项目。
简单之心：产品信息简洁明了，便于用户理解和选择。
饥饿之心：利用产品的季节性和限量性，营造紧迫感，促进销售。
防备之心：展示产品的质检报告，消除用户的顾虑。

3. 结合地域特色

地域文化：选择具有鲜明地域特色的产品，如地理标志产品，增强产品的文化附加值。
地方品牌：依托地方品牌效应，提升产品的知名度和美誉度。

4. 注重用户体验

前端分类与后端售后：建立科学的分类体系，提供便捷的购买体验和完善的售后服务。
个性化定制：根据用户需求提供个性化定制服务，增强用户满意度。

三、文旅产品选品分析

随着居民物质生活水平的提升及精神消费需求的多元，越来越多的人希望在旅游中获得更多的个性化和多元化选择，满足自己的特定需求和兴趣。调研数据显示，超80%的人群热衷于自然风光旅游，超40%的人群对于休闲度假、人文古迹、美食体验颇为偏爱，另外，对于户外露营、主题乐园、奇幻探险等也表现出一定的兴趣，如图4-2所示。

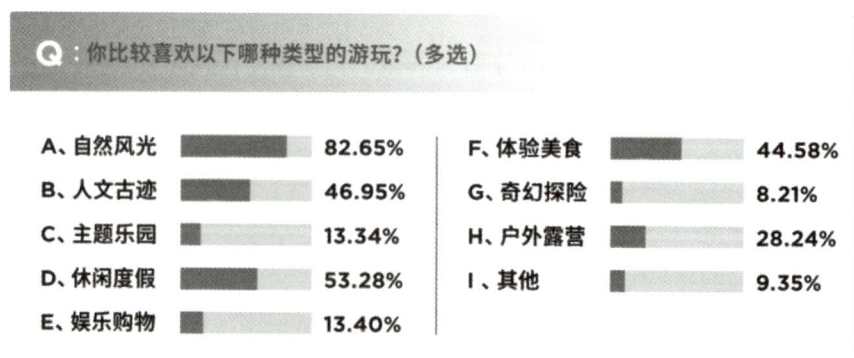

图 4-2 游玩类型网调结果

数据来源：巨量引擎城市研究院，2023年4月，《2023抖音旅游内容体验调研》。

（一）文旅产品选品原则

在电商直播日益兴起的今天，文旅产品作为直播中的重要组成部分，其选品策略直接关系到直播的效果与观众的购买意愿。

1. 市场需求导向

了解用户偏好：通过市场调研、数据分析等手段，了解目标受众对文旅产品的偏好和需求。

紧跟热点趋势：关注旅游行业的最新动态、热门景点、节庆活动等，及时捕捉市场热点，选择符合潮流的文旅产品。

2. 差异化竞争

独特卖点：选择具有独特卖点、差异化竞争优势的文旅产品，避免与市场上同类产品同质化竞争。

创新体验：考虑产品的创新性和体验性，如提供定制游、主题游等特色产品，满足消费者对个性化旅游的需求。

3. 性价比考量

合理定价：根据产品的成本、市场价值及目标受众的消费能力，制定合理的价格策略。

价值感传递：通过直播展示产品的实际价值，提升消费者的购买意愿和满意度。

4. 品牌与信誉

品牌选择：优先选择与知名品牌合作，利用其品牌影响力和良好口碑吸引消费者。

信誉保障：确保所选文旅产品供应商具有良好的信誉和服务质量，避免售后纠纷。

（二）文旅产品选品方法

1. 市场调研

线上调研：利用搜索引擎、社交媒体、旅游网站等平台收集文旅产品的相关信息和用户评价。

线下调研：实地考察热门旅游目的地，了解当地旅游资源、旅游设施及游客反馈。

2. 竞品分析

分析竞品优势：对比同类文旅产品的价格、服务、特色等，找出竞品的优势和不足。

差异化定位：根据竞品分析结果，确定自身产品的差异化定位，制定独特的营销策略。

3. 用户画像

明确目标受众：根据市场调研结果，构建清晰的目标受众画像，包括年龄、性别、职业、兴趣等。

需求挖掘：深入挖掘目标受众的潜在需求，为选品提供有力依据。

4. 数据支持

销售数据分析：分析历史销售数据，了解哪些类型的文旅产品更受欢迎，哪些时段是销售高峰期。

预测趋势：利用大数据分析工具，预测未来文旅产品的市场趋势和消费者行为变化。

（三）文旅产品选品注意事项

1. 法律合规

确保所选文旅产品符合国家法律法规和平台规定，避免涉及违法违规内容。

2. 安全保障

选择具有完善安全保障措施的文旅产品，确保游客在旅游过程中的人身和财产安全。

3. 服务质量

考查供应商的服务质量，包括接待能力、导游素质、交通安排等，确保游客获得优质的旅游体验。

4. 可持续发展

优先选择注重环境保护和可持续发展的文旅产品，倡导绿色旅游理念。

四、直播商品组品与定价策略

直播商品组品与定价策略

（一）直播商品结构

直播商品的结构直接影响着直播带货的商品购买转化率。在每一次直播带货过程中，直播间都应该包括以下类型的商品。

1. 印象款

印象款是指促成直播间第一次交易的商品。一般来说，高性价比、低客单价的常规商品适合作为印象款，其特点是实用，且人群覆盖面广。例如，卖穿搭商品的主播可以选择腰带、打底衫等作为印象款，卖包的主播可以选择零钱包、钥匙包等商品作为印象款。

2. 引流款

引流款应当是商品中最具有独特优势和卖点的款式，这款商品最好做到"人无我有，人有我优"，但商品的价格不能太高，毛利率要趋于中间水平。价格低的商品会吸引很多用户停留观看，且这时用户的购买决策成本较低，加上限时限量"秒杀"活动增加了直播间的紧张气氛，可以快速提高商品转化率，同时带来直播间流量的大幅增加。

3. 福利款

福利款是指"宠粉"款，即用户先加入粉丝团，然后才有机会抢购优惠商品。福利款有时是直接免费送给粉丝作为福利，有时是设置成低价款，如"原价 99 元，宠粉价 9.9 元'秒杀'，1 万件限量"。这种做法可以增强粉丝的黏性，激发粉丝的购买热情。

4. 利润款

要想通过直播带货帮助商家或企业盈利，主播必须推出利润款，且利润款要在所有商品中占有很高的比例。利润款主要针对目标用户群体中的某一特定群体，符合这类群体的心理。

利润款有两种定价模式。一种是直接单品定价，如"49元买一发二""99元买一发三"等；另一种是商品组合定价，如护肤套盒、服装三件套等。

主播要等到直播间的人气提升到一定高度以后再推出利润款，这时直播氛围良好，趁热打铁更容易成交。

5. 品质款

品质款一般要选择高品质、高调性、形象好、高客单价的极小众商品，这类商品承担着提供信任保障、提升品牌形象的作用，目的是吸引用户的眼球，强化企业或商家的商品研发实力，增强直播间商品在用户心目中的好感度。同时，品质款大多数是断码、孤品，可以营造出限量"秒杀"的感觉，真实目的不在于成交，而在于起到价格锚定的作用，提升直播间的定价标准。

（二）直播商品定价策略

直播商品定价是一项重要而复杂的工作。如果价格太高，主播在直播间推荐的商品就可能卖不出去；如果价格太低，过早脱销，也就失去了盈利的机会。一般来说，客单价分为高、中、低三个档次，见表4-1。

表4-1 客单价档次分类

价格档次	价格范围	用户购买特征
高客单价	100元以上	十分看重质量和品牌，下单十分谨慎
中客单价	50~100元	有所顾虑，充分考虑购买的必要性和商品的实用性
低客单价	50元以下	购买决策过程很短，大多属于冲动式消费

具体来说，直播商品的定价策略有以下三种。

1. 根据主播人设选择价格区间

根据主播的人设类型，其所在直播间的商品价格区间可以分为三种类型。

① 专业人设主播在为商品定价时，价格以高客单价为主，中客单价为辅。

② "达人"人设主播在为商品定价时，价格要以中客单价为主，低客单价为辅。

③ 亲民人设主播和励志人设主播为商品定价时，要以低客单价为主，中客单价为辅。

2. 商品组合定价法

商品组合定价法是指为了迎合用户的某种心理，特意将有的商品的价格定高一些，有的定低一些，一般将互补商品或关联商品进行组合定价，从而有利于各种商品的销售量同时增加。企业或商家在对互补商品、关联商品定价时，将用户不经常购买、价值又相对较大的商品的价格定低一些，而对经常购买、价值又相对较小的商品的价格定高一些。从某种程度上讲，低价用来打开销路，高价用来传达商品的高质量，两者共同起到刺激需求的作用。

在电商直播中，商品组合定价法同样适用。商品组合应遵循三大原则，见表4-2。

表4-2 商品组合遵循的原则

商品组合遵循的原则	举例	备注
赠品和商品有关联	某款卸妆水在品牌店或电商平台卖××元，但在直播时用户花同样的价格可以得到两份商品，再获赠一个卸妆棉。因为用户在使用卸妆水的过程中会用到卸妆棉，两者有关联	主播这样做可以给用户带来一种受到关爱、关心的感觉，在保证质量的前提下，即使商品定价稍微高一些，用户也会接受
套装搭配	一套夏季出街装一般包括T恤、短裤或裙子、墨镜、帽子和配饰。如果以上服装配饰单独购买，总价可能会超过500元。但主播在直播间给出的价格非常实惠，同样是T恤、短裤或裙子、墨镜、帽子和配饰，T恤66元，短裤或裙子50元，墨镜不要钱，帽子不要钱，配饰也不要钱，总价只有116元	主播在说出商品的价格时，语速要快，声音要饱满，音量要大，向用户传达商品的优惠力度，刺激用户，使其兴奋起来，进而下单购买
赠品在直播中多次出镜	一款500 mL的身体乳，实体店卖98元，电商平台卖89元。主播在直播间做活动，只需60元，买一发二；如果再加10元，主播再送两个护手霜，用户可以配合使用，效果很不错	这款护手霜要在直播过程中多次出镜，并且由主播亲自使用。这样一来，这款护手霜会非常有话题点，能够给用户留下深刻的印象，并增强用户对主播的信任

3. 阶梯策略

阶梯策略又称为花式价格策略，主要用于销售客单价较低或成套售卖的商品，相当于传统的"买一送一"的升级版。例如，某件商品原价为49.9元/件，在直播间内第一件29.9元，第二件19.9元，第三件9.9元，第四件免费。在这种价格策略下，主播往往会引导直播间的用户："建议数量填4，4件一起拍更划算。"阶梯型的价格递减可以给用户带来巨大的冲击力，刺激用户很快产生下单购买的欲望。这对于要冲击销量的单品来说，是非常有效的，在完成促销的同时也释放了库存空间。

在使用阶梯策略时，主播要突出商品的价格优势，可利用小黑板等方式将原价标示出来，与直播间的价格形成清晰的对比展示；同时通过调整语速和音量向用户传达商品的优惠力度，提高用户的兴奋度，从而刺激他们下单购买，形成转化。

（三）旅游行业内容服务业态

2023年，我国旅游业迎来了全面复苏。人们对旅游体验的需求不断升级，整个旅游行业也正在经历迭代升级，呈现出新的特征和趋势。我们看到，该年第一季度，抖音平台"旅行"相关内容发布人数占平台全行业比重第二位。超 4 亿旅游兴趣用户在平台观看旅游内容，用户对旅游内容的互动指标也呈现增长；除此之外，居民出游意愿有所提高，微度假、跨省游等热度持续，如图 4-3 所示。

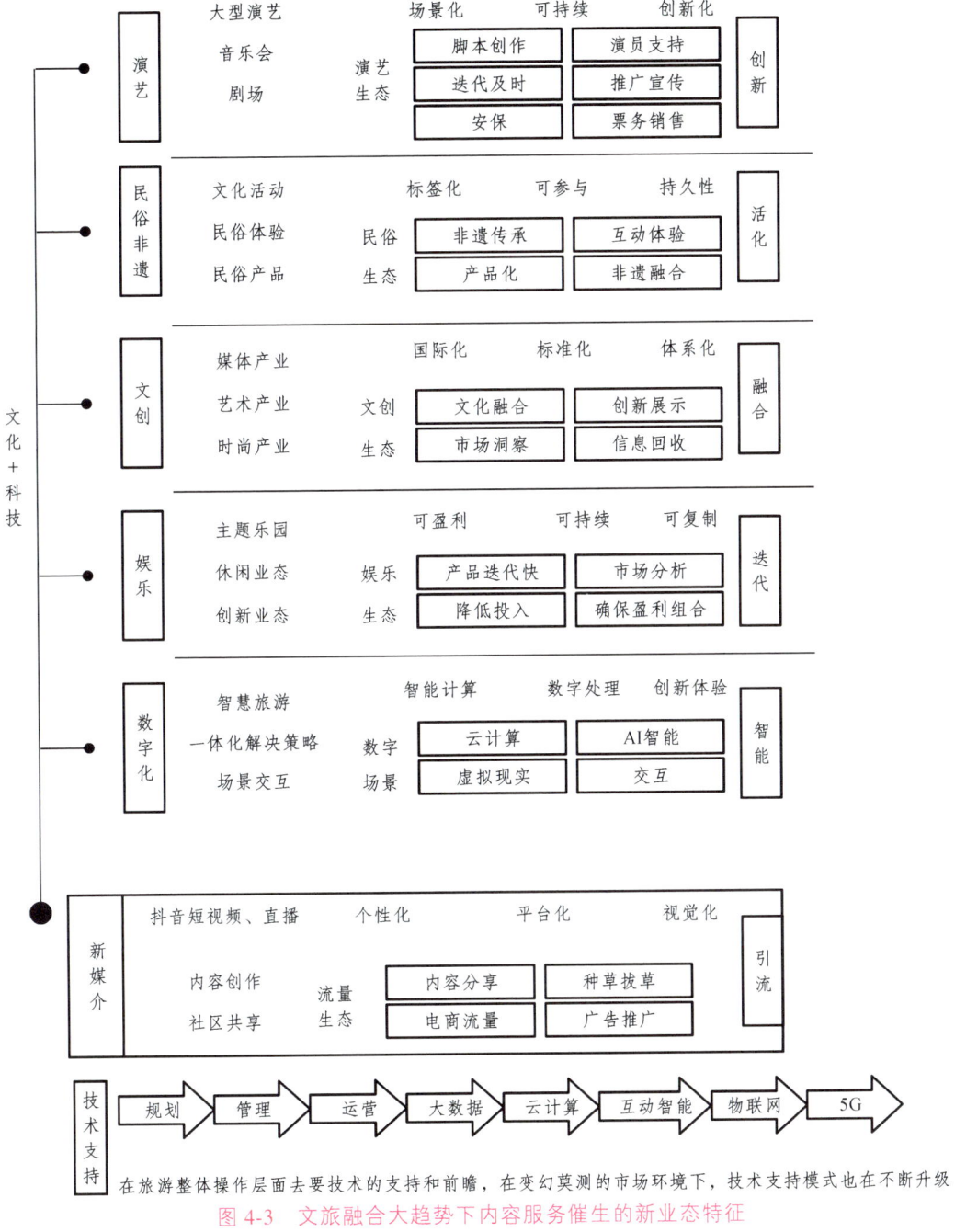

图 4-3　文旅融合大趋势下内容服务催生的新业态特征

(以上数据来源于《2024 抖音旅游行业白皮书》)

目前，我国旅游行业进入"3.0 时代"。"旅游+""+旅游"不断催生出新的业态，文旅与其他产业融合发展已成为主流模式。国家各部委也陆续发文，鼓励支持交通、体育、养老、健康等产业与文旅融合发展。在这一阶段，产业融合带来的创新迭代已成为行业迭代升级的主旋律。

2022 年 1 月至 2023 年 3 月，抖音"旅游+"相关视频总播放量近 105 亿次，"旅游+"相关内容受市场关注度高，其中表现较为突出的"旅游+"新业态形式为：康养旅游、研学旅游、工业旅游、体育旅游、旅游演艺等，如图 4-4 所示。

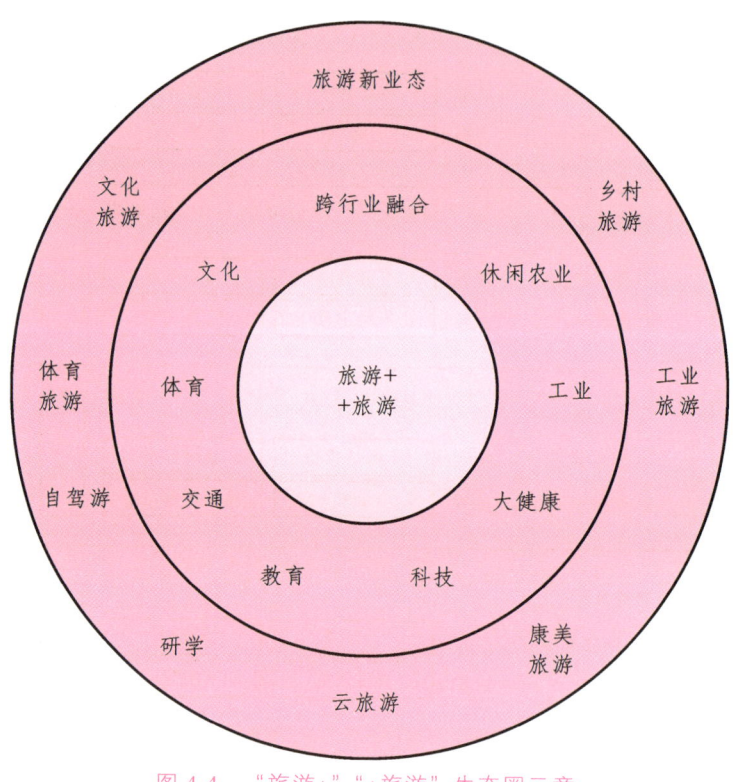

图 4-4　"旅游+""+旅游"生态圈示意

任务三　直播引流——以农特品与文旅产品为例

随着电商直播的蓬勃发展，农特产品与文旅产品的结合成为新的销售增长点。本小节将深入探讨如何通过电商直播为农特产品和文旅产品引流，实现销售增长与品牌传播的双赢。提高直播间商品的转化率并非易事，首先最基础的就是直播间要有流量和人气。而要想解决直播间的流量问题，主播就要掌握直播间引流的技巧，这样才能有源源不断的流量进入直播间。

一、短视频引流

主播一般要在开播前 3 小时发布短视频为直播预热，这样在开播时会有更多的用户进入直播间。短视频预热的方式主要有以下五种。

短视频引流

1. 短视频常规内容＋直播预热

"短视频常规内容＋直播预热"方式是指在短视频的前半段输出与平时风格相同的垂直内容，吸引固定的粉丝观看，然后在后半段进行直播预热。主播不要直接在一开始就告诉粉丝自己要直播，而要像往常一样输出垂直领域的内容，只是在快要结束的时候才宣布直播的主题和时间。

2. 纯直播预告

纯直播预告是主播采用真人出镜的方式，通知用户具体的开播时间。这种形式可以给人更真实、更贴近的感觉。例如，某穿搭"达人"抖音账号主播会在平时的短视频中向粉丝介绍各种服装的穿搭技巧，在直播预告中一般也会以真人出镜的形式口播直播的时间和主题。由于该账号的粉丝黏性较强，所以粉丝在看到直播预告后进入直播间观看直播的可能性较高。

3. 添加利益点

对于没有关注主播的用户来说，如果主播的话语在直播预热视频中没有强大的诱惑力，他们是很难进入直播间的，所以主播可以在视频中添加利益点。例如，主播会在直播间抽奖，奖品有品牌包、新款手机、新上市的护肤品等。这样可以激发用户的兴趣，使其定时进入直播间。

4. 视频植入直播预告

主播可以在日常发布视频时植入直播预告，让用户在不知不觉中对直播时间和直播主题有了印象。例如，某抖音账号在某个短视频中展开以"变装"为主题的剧情，通过两次剧情反转来吸引用户关注，在最后将剧情的发展与直播预告无缝衔接，同时设下福利预告的悬念，用户沉浸于剧情的同时记住了直播的时间和主题。

5. 发布直播片段视频

很多影视剧在正式播出之前会放出很多花絮片段，目的是让用户对成片感兴趣。开直播之前发布直播片段也是如此。如果上一场直播中发生过一些有趣的事情，主播可以截取出来发短视频，为即将开始的下一场直播引流造势。

二、直播封面图、标题的设置

除了在前期发布直播预告，直播封面图和标题也会影响抖音直播间的人气。

（一）直播封面图

用户在直播广场浏览时可以看到很多直播间，这时决定用户是否进入直播间的重要因素是直播封面图。精心设计了封面图的直播间，比使用默认头像的直播间的流量要大得多。好的直播封面图有以下几个标准。

1. 封面图干净、清晰

如果封面图模糊不清，用户可能会在看到第一眼时就划走，这样主播就错失了吸引用户进入直播间的机会。因此，直播间的封面图一定要干净、清晰，简洁大方，给用户留下良好的印象。

2. 封面图要与直播内容有所关联

为了精准地吸引目标用户，直播封面图要与直播内容密切相关。如果直播封面图与直播内容毫无关联性，用户在进入直播间后会产生心理落差。

3. 直播封面图不能低俗

有的主播为了博人眼球，会使用一些低俗的封面图吸引用户进入直播间，这种方式是直播平台严令禁止的，一旦被检测到，封面图就会被重置，严重者会被封禁警告。

4. 不要频繁更换封面图

如果主播的直播已经形成了明显的 IP 或有稳定的内容，直播封面图就可以直接稳定使用，不必频繁更换。

5. 封面上的文字要简洁

封面图上的文字不要超过 30 个字，主播在做封面图时要提炼出最关键的内容；文字要处于尤为关键的位置，能让用户一眼就看清直播主题。同时，文字要大，不低于 24 磅，才能让用户迅速抓住要点。

（二）直播标题

主播在设置抖音直播标题时可以使用以下方法。

1. 巧借数字

在直播广场浏览直播间时，用户在每一个直播间标题上的停留时间不会超过 1 秒。要想在如此短的时间内吸引用户的眼球，主播可以巧借数字，让直播标题变得更加直观和简洁。

2. 提出疑问

在标题中使用问号是好标题创作的技巧之一。问号的作用在于强调问题的存在，标题中有了问号，就是在向用户说明这是一个问题。通常情况下，人们在遇到问题后会进行思考。因此，提出疑问可以达到引起用户注意的效果。

3. 提供价值

主播只有不断地提供有价值的干货，才能得到用户的持续关注，而在用户关注干货之前，主播要让用户从标题中了解直播内容有干货这一事实。

主播提供的价值可以是理论知识，也可以是实践知识，前者解决用户在理论中遇到的难题，后者指导用户实践的方法或技巧。如果能解决用户的某一个难题或困惑，用户打开直播间的概率就会增加。因此，主播在起标题时应该换位思考，看能帮助用户解决什么问题，提供什么价值，这样创作出来的标题才能更契合用户的需求。

三、平台内付费推广

平台内付费推广

除发布短视频直播预告、利用直播封面图和直播标题引流以外，主播在抖音平台直播时还可以通过付费对直播间进行推广。

（一）投放 DOU＋

抖音平台对 DOU＋的定位是一款专门针对内容创作者的内容"加热"工具。DOU＋的投放门槛很低，只要是抖音的注册用户，最低花费 100 元就可以投放 DOU＋。

投放 DOU＋时，既可以选择在开播前预热投放，即短视频预热，也可以在直播过程中根据实时数据选择定向投放，即直接"加热"直播间。

短视频预热是通过短视频的曝光来带动直播间的人数，多了一层转化。例如，主播在直播前发布一条直播预热视频，然后对预热视频投放 DOU＋。很多人看到预热视频，其中有一部分会点进直播间，这样就完成了引流目的。

直接"加热"直播间的优势在于用户进入直播间以后无法进行上滑操作，只能点击"关闭"按钮才能返回推荐页面，这就提升了用户的留存率。

直播 DOU＋主要是提升用户进入直播间后的互动数据，包括给用户"种草"、用户互动、直播间"涨粉"、直播间人气等，其中给用户"种草"这一维度只出现在带货直播中。要想优化直播 DOU＋的投放效果，主播也要在以下 4 个方面下功夫。

1. 给用户"种草"

设计"宠粉"商品、"爆款"商品，引导用户点击购买。

2. 用户互动

多提问，引导用户互动，如"在屏幕上扣 1"。

3. 直播间"涨粉"

发红包吸引关注、话术引导、设计"宠粉"商品。

4. 直播间人气

优化直播间的布置，开启连麦进行多人互动，增加用户的停留时长。

（二）投放 FEED 流

1. FEED 流直投直播间

FEED 流是专门给直播间投放广告，无需上传视频素材，在推荐信息流直接展现实时直播内容的推广方法，这是帮助商家提升直播间流量获取和转化能力的一种商业玩法。因此，个人主播是不能投放 FEED 流的，投放 FEED 流的主体仅限企业或个体工商户。如果个人主播想投放这种广告，可以与有资格的广告开户账户绑定，但直播中所推商品也必须属于该小店。

传统信息投放一般通过优化素材来提高转化率，然后增加投放预算，但在 FEED 流投放中，落地页直接就是直播间，所有的二级转化目标都要在直播间完成。这对直播间环境、主播能力、引导转化的话术有较高的要求。因此，主播在投放 FEED 流之前应当先提升自己的直播能力。

FEED 流采用的是广告竞价投放模式，投资回报率是最核心的考核目标，直播间环境和主播能力是最重要的条件。除了需要具备能稳定进行转化的重要条件，投放 FEED 流还需要有充足的预算和最起码的信息流相关产品的操盘能力。

2. 抖音直播间 FEED 流投放步骤

投放抖音直播间 FEED 流，商家需要遵循以下步骤：

第一步，开户与绑定：打开巨量引擎广告账户，并至少与 1 个抖音账户绑定（最多可绑定 200 多个账户）。绑定时需校验账号资质，确保广告账号与抖音账号资质的一致性。

第二步，选择推广目的：根据账号类型选择推广目的，主要包括"抖音号推广"与"商品推广"。

第三步，设置投放参数：设定"投放范围""投放目标"和"投放内容"。在投放范围设为"默认"时，投放目标可以设为"转化量"或"点击量"。设定直播间为投放内容，并在首次投放时签署"直播间引流承诺函"。

第四步，关联推广抖音号：选择并关联要推广的抖音号。若此前未绑定广告账户到抖音号上，需先完成绑定操作。

第五步，设定转化目标：根据推广目的选择相应的转化目标，如"直播间观看""直播间停留""直播间物品按钮点击"等。

第六步，编辑创意：根据投放形式（短视频引流或 FEED 流直投）编辑广告创意。短视频引流需上传高质量的广告视频素材；FEED 流直投则直接展示直播间实时内容。

第七步，投放与监控：提交投放计划并设置预算。实时监控投放效果，根据数据反馈调整投放策略。

第八步，优化与调整：根据直播间流量、用户反馈和转化率等数据，优化直播间内容、投放时间和目标人群等。适时调整投放预算和出价策略，以提高 ROI。

通过以上步骤，商家可以成功投放抖音直播间 FEED 流广告，实现精准引流和高效转化。需要注意的是，投放过程中需密切关注市场动态和用户行为变化，及时调整策略以应对变化。

四、新型旅游业态短视频与直播

巨量引擎城市研究院数据显示，2022 年 1 月至 2023 年 3 月期间，抖音平台上新兴旅游相关的视频播放量呈现出"总体规模大，而单体规模小"的特征，例如体育旅游、沉浸式剧本杀、夜间旅游等，尽管单个类型的视频播放量较低，但每种类型的旅游视频都能够获得流量关注。其中，研学游和红色旅游悄然兴起，成为加速领跑者，如图4-5所示。

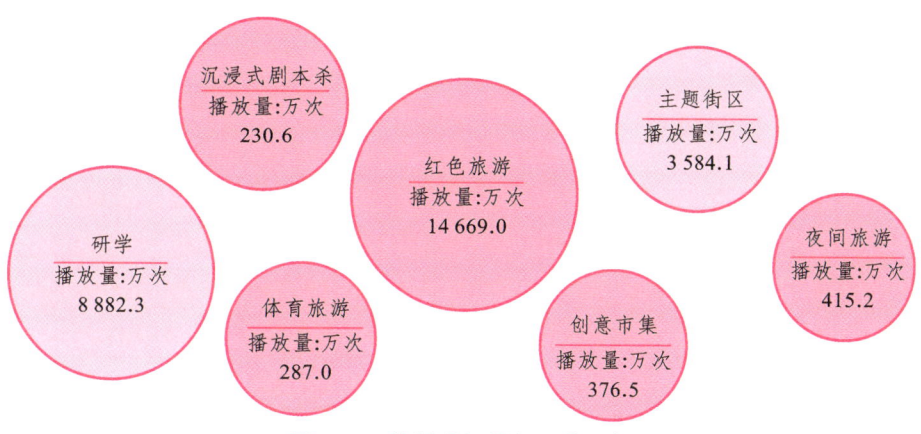

图 4-5　旅游类短视频需求分析

2023年3月31日，PICO携手大唐不夜城知名红人不倒翁小姐姐"皮卡晨"上线打造VR直播。直播采用了PICO和抖音双端VR直播的方式，吸引了大量双端用户的关注与讨论。通过VR第一视角，皮卡晨带着用户游览了大唐不夜城的景区街道，不仅一起品尝了当地特色的美食小吃，与对诗走红的"李白"共同完成了街采拍摄，还在"盛唐密盒"的前排观看了现场表演。VR直播的现场感不仅很好地呈现了大唐不夜城的景区风貌，独有的互动陪伴感也让不少用户纷纷表示这是一场新奇有趣的互动体验。皮卡晨VR直播单场看播118.5万，直播预热视频登录抖音热榜娱乐榜单top23位。

任务四　直播产品上架及讲解
——以农特品与文旅产品直播为例

一、上架商品链接

商家要对每一个出现在直播间的商品进行定位，分析它们的销售潜力。根据商品的销售潜力、作用功能、库存状况、品类定位等分类，主播可以了解商品的定位。商品的分类与定位见表4-3。

表 4-3 商品的分类与定位

商品分类依据	商品分类	商品定位
销售潜力	热销款	抖音小店的主力销售单品，属于抖音小店销量前列的热门"爆款"
	平销款	销售能力尚可，具备提高转化率的潜力，可以在某些时候代替热销款
	滞销款	销售能力不足，转化率不高，属于冷门款
作用功能	引流款	性价比高，可以为抖音小店引流，点击率高
	"秒杀"款	提高转化率，以"秒杀"降价的利益点带动销量
	利润款	增加抖音小店利润的单品，尽管转化率一般，但毛利较高
库存状况	深库存款	库存较多，如果销售受到影响，会带来库存风险
	清仓款	库存较少，一般存在库存不足的风险，可用来清仓的商品
品类定位	主营类目款	抖音小店重点经营的商品
	次要类目款	促进主营类目的连带销售，与主营类目商品有很强的关联性

当然，商品的定位并不是唯一的，有些商品既是抖音小店的热销款，又是"秒杀"款，而滞销款也可能是利润款。在不同的营销阶段，商家要根据营销目标进行商品的定位或转换定位。

由于商品可能存在多种销售目的，商家要对商品进行深度了解，灵活判断商品在不同阶段的定位。

为了提高不同阶段商品的转化率和销售额，商家要对抖音小店进行精细化运营，让上架的商品能够满足平台营销玩法的需求。因此，商家要了解不同阶段的不同目的，重新定位商品，调整商品的位置。

1. 日销小促阶段

为了促使更多用户来直播间购买商品，商家可以在直播间自建营销活动，实现日销状态下的销量小高峰，这时可以把直播间看作抖音小店的促销专区。日销小促可以为抖音小店积累日常流量，促进该阶段的新用户引流，提高粉丝的复购率，用日销"爆款"推动抖音小店整体销售额的增长。

在这个阶段，上架商品的种类、数量占比和作用见表 4-4。

表 4-4 日销小促阶段上架商品种类、数量占比和作用

商品种类	数量占比	作用
热销款	50%	引流，保证基础销量，主播可做详细讲解，主要用于留存直播间的新用户
"秒杀"款	30%	培养用户的观看习惯，用低客单价的商品冲销量
平销款	20%	每天都有新款，让粉丝每天都有新鲜感，同时拉动店铺的销售额

2. 上新阶段

由于直播具有强大的带货能力，能够为商品带来足够多的展现量，所以直播是做新品孵化启动的重要渠道。如果抖音小店已经积累了一定数量的粉丝，在直播间推新品时就具有巨大的优势。

在上新阶段，商家要把购物袋中最前排的位置留给新品，因为购物袋的前排位置更容易获得用户的关注。具体的上架商品种类、数量占比和作用见表4-5。

表4-5 上新阶段上架商品种类、数量占比和作用

商品种类	数量占比	作用
抖音小店新款	60%	当场主推新品，详细介绍，高频露出，提升直播间的商品丰富度
引流款/利润款	30%	具有引流和保证销售额的作用，在推荐商品时与新品相结合，配合新品带动销售
"秒杀"款	10%	用于上新1小时前的预热动作，给粉丝提供福利，拉回有意向购买的粉丝来直播间购买新品，提高复购率

3. 排位赛活动阶段

商家可以通过参与不同类目和不同项目的排位赛来实现大促预热和促销转化的目的。在排位赛期间，用户可以在直播间点击进入榜单，在榜单上看到冲榜前列的商家，然后一键跳转到商家的直播间。也就是说，只要商家能进入榜单前列，就可以获得一定的公域流量，能够促进拉新。

在这一阶段，具体的上架商品种类、数量占比和作用见表4-6。

表4-6 排位赛活动阶段上架商品种类、数量占比和作用

商品种类	数量占比	作用
直播专享价款	50%	以直播专享价来打动用户，提升转化率，营造冲榜的氛围
热销流量款	40%	具有引流和保证销售额的作用，主播要重点讲解，为拉新带来更好的成效
"秒杀"款	10%	吸引粉丝回流，设置几个流量的高峰点，刺激阶段性销售，截留新粉

排位赛的玩法更灵活，也更复杂，在这个商家比拼的擂台上，商家要在直播过程中实时监测数据，努力学习榜单前列商家的策略，以进一步提高直播间的直播效果。

二、直播商品的讲解技巧

电商直播与秀场类直播不同，它主要的目的是卖货，所以主播要善于介绍商品，挖掘出商品的特点和优势，并用轻松、自然的语言吸引用户留在直播间，提升转化率，而不是重复那些用户在商品详情页就能看到的信息。

直播商品的讲解技巧

（一）农特产品讲解技巧详解

1. 产品知识介绍

图表辅助：利用图表展示农产品的产地、生长周期、营养成分等关键信息。例如，可以使用饼图展示某款水果的维生素含量比例，柱状图对比不同产地的同种农产品的品质差异。（如图 4-6 所示）

专业术语解释：对于专业术语，如"有机种植""地理标志产品"等，需进行简要解释，确保观众理解。

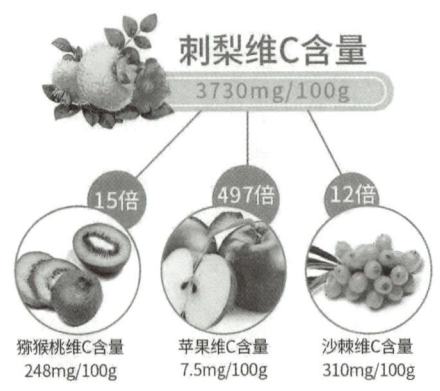

图 4-6　图表辅助示例

2. 生动展示与体验

现场演示：直播中现场展示农产品的采摘、清洗、烹饪等过程，增加观众代入感。例如，展示如何挑选优质苹果（通过颜色、形状、果蒂等特征），并现场品尝，分享口感体验。

互动问答：设置互动环节，解答观众关于产品的疑问，增强参与感。如"这款蜂蜜为什么这么浓稠？""这种大米煮出来的饭有什么特点？"

3. 故事讲述与情感共鸣

产地故事：讲述农产品的产地故事，如农民辛勤耕耘的过程、地方文化的传承等，激发观众的情感共鸣。

用户评价：分享真实用户的评价和使用体验，增强产品的可信度。可以展示用户评价截图或视频片段。

4. 创意营销与活动推广

限时优惠：设置直播专属优惠，如"前 100 名下单送小礼品""满额包邮"等，刺激购买欲望。

互动游戏：设计互动游戏，如"猜重量赢奖品""抽奖送农产品大礼包"等，提高观众参与度和留存率。

（二）文旅产品

旅游内容丰富的抖音平台满足用户在旅行推荐、旅行攻略、预订酒店/民宿、获取户外生活旅行内容的参考需求，成为众多人出行前的内容种草平台。针对文旅产品的直播讲解要求比较丰富，主要是根据"旅游出行/特色卖点+价格促销文案"等内容进行讲解，达到"种草"目的。

传统的消费者将旅游消费行为过程定义为"兴趣—决策—行动—分享"四个步骤。巨量引擎综合了用户的行为链路、文旅营销 IP 方案及抖音商业产品，将旅游用户在抖音观看旅游内容进而产生分享传播的行为链路归纳为：看见信息产生兴趣意向→寻找攻略→制定旅游决策→进行购买体验→出游后进行分享传播。文旅局、景区等企业主借助 IP 活动在企业号发布内容，营造话题热度，借助"达人"强化"种草"价值，并携手品牌打造"种草"大事件，多样化"种草"玩法，建立起从"我来讲、达人讲、大家讲"的过程，在"大家讲"中，用贴纸、剪映、全民任务等工具，更真实地反映用户需求，回归用户本心，"种草"大家期待的美好目的地，如图4-7、图4-8所示。

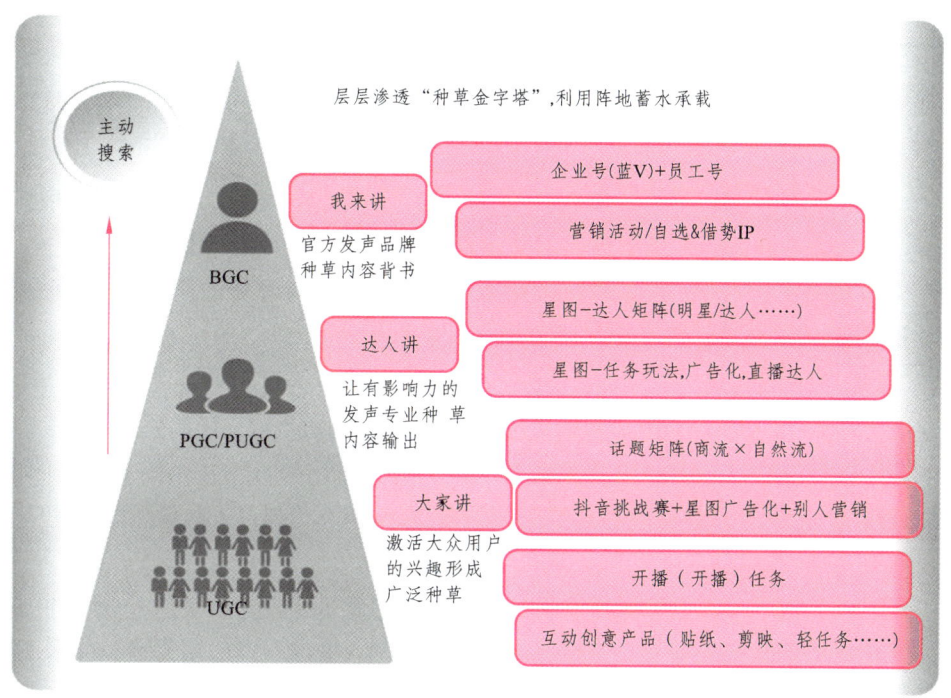

图4-7 抖音"种草"布局

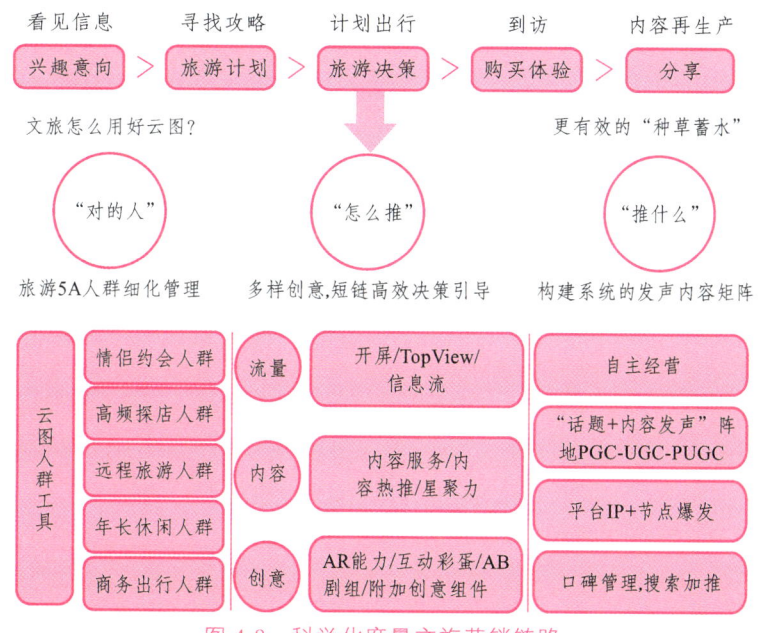

图4-8 科学化度量文旅营销链路

任务五　直播气氛维护——以农特品与文旅产品为例

抖音主播在直播时不能毫无激情地自顾自说话，更不能沉默不语，要用各种方法来引导用户热情互动，在活跃直播氛围的同时感染用户，吸引越来越多的人进入直播间观看直播。

一、直播互动

在引导用户互动时，主播可以充分运用抖音平台的各种工具，其中连麦是使用率较高的互动工具。连麦的玩法有3种，分别是账号导粉、连麦PK（挑战）和与粉丝连麦。

1. 账号"导粉"

账号"导粉"是指引导自己的粉丝关注对方的账号，对方也以同样的方式回赠关注，互惠互利。在引导关注时，主播可以夸奖或"吐槽"对方主播，给自己的粉丝关注对方的理由。同时，主播还可以引导自己的粉丝去对方的直播间抢红包或福利，活跃对方直播间的氛围。

2. "连麦PK"

"连麦PK"时，主播选择的对象最好与自己的粉丝量相近，这是连麦合作的前提，如果双方选择的商品是互补的，这样就能最大化引流，增加双方的销售额。如果主播和PK对象是同一个领域的，粉丝本身具备一定的重叠度，就很难满足粉丝的多重选择需求，容易流失粉丝。因此，如果主播没有很强的能力引导对方粉丝关注直播间，进而提升购买率，那么不建议选择直播商品一致的主播连麦PK。

"连麦PK"在一定程度上是资源置换，相当于增加一个曝光的广告位。因此，主播要把握好短时间曝光，给对方粉丝送福利，通过福利引导对方粉丝关注，为自己的账号"增粉"。

"连麦PK"结束后，连麦并不会主动断开，除非一方主播主动切断连麦。主播要利用好结束后的时间，继续保持和双方粉丝的互动，尤其是对方粉丝，可以送出一些福利，引导他们加入粉丝团或关注领取；也可以选择表演一些才艺，突出自己的人设，给对方粉丝一个关注你的理由。

3. 与粉丝"连麦"

主播与粉丝"连麦"可以有效地解决直播间转化和互动的问题。

但需要注意的是，主播解答的问题要有普适性，在与粉丝连麦时要兼顾未连麦但在看直播的其他粉丝。例如皮肤问题，油皮、干皮和混合皮这种大方向的问题更合适用与粉丝连麦的方式解答。主播与粉丝连麦的时间也要控制好，3～5分钟为宜，有针对性地解决问题即可，不要过于啰唆。主播可将与粉丝连麦常态化，作为直播的固定答疑板块，这样一方面可以增强主播的专业人设，另一方面可以通过讲解加深连接，有利于提高直播间的购买转化率。

二、品牌助播增流

很多品牌商和企业的领导看准了直播的影响力和营销力，纷纷开始站到直播镜头前侃侃而谈，且大多数企业领导所参与的直播获得了巨大的成功。企业领导亲临直播间助播增流，或是为品牌直接开播，都在一定程度上增强了主播和品牌的影响力。

例如，为了小米汽车的销量和口碑，2024年某月某日，小米集团董事长开启了直播，回应太多的"万万没想到"。整场直播有两个小时的时间，前一个小时主要是围绕小米SU7产品本身进行讨论，从交付中心到体验中心，该嘉宾对话了小米SU7的车主，询问了他们认为小米SU7最吸引用户的地方；后一个小时则主要以问答的形式回应了网友关切的话题。

作为互联网领域的热门领军人物，雷军一直有着很高的话题度，再加上作为小米公司的创始人，他在直播间的出现和带货行为不仅为直播增加了话题性，增加了直播间的人气，还给直播间提供了信誉保障。

三、做好直播控评

无论主播做得多好，直播间里也总会出现不喜欢直播内容或单纯想要发泄情绪的人，这些人可能会"鸡蛋里挑骨头"，在直播间说出一些不文明或极端的话，这会对直播氛围产生非常不好的影响，影响其他用户的观看体验。

因此，主播要做好直播控评工作。控评就是控制评论内容，防止直播间内出现不好的言论或某些不怀好意的人胡乱带节奏。主播可以在开直播之前进行设置，运用设置屏蔽词的功能，输入想要屏蔽的关键词，以此来消除可能会出现的不良信息，避免直播间的评论被不良信息带偏，打乱直播节奏。

任务六　直播粉丝运营与后期维护

吸引用户关注、增加粉丝数量并不是抖音直播营销的最终目的，主播应当在吸引用户关注以后继续保持甚至提升直播间内容的精彩度，提升粉丝的转化率，这样才能获得满意的直播营销效果。

一、增加粉丝停留

留住粉丝是所有直播电商平台都需要考虑的问题，因为粉丝在直播间停留的时间越长，越有可能产生互动，进而产生销售转化。

要想增加粉丝停留时长，抖音主播可以在以下几个方面做出努力。

（一）打磨直播内容

用户只会对有价值的内容感兴趣，只有优质的直播内容才能吸引更多用户在线驻留观看。因此，主播要在直播间中增加干货内容，通过分享专业知识和日常难题的解决方法来留住粉丝。详细展示产品的外观、特点、优势等，同时介绍产品的文化背景和故事，增加产品的附加值。

（二）发放奖励红包

主播可以时常给粉丝发放奖励，条件是观看直播达到相应的时长。如果粉丝对直播的内容很感兴趣，一般会驻留观看，而这时为粉丝提供奖励红包，就强化了粉丝与主播的联系，这种正向刺激会大大增加粉丝停留在直播间的时长，为之后的销售转化提供基础。

（三）互动抽奖

在直播间做抽奖活动既能活跃直播气氛，激发粉丝的参与感，又能为粉丝带来利益，吸引粉丝互动，增加粉丝停留时长。抖音直播间的互动抽奖有以下几种方式。

1. 评论截屏抽奖

主播选择一个固定的关键词，号召粉丝在评论区不停地刷关键词，主播随机截屏，抽取其中几名幸运粉丝给予奖品。为了做到公平、公正，主播要拿出手机对准镜头截图，并现场公布中奖名单。

2. 整点、半点抽奖

这种抽奖方式比较简单，基本每隔30分钟到1小时进行抽奖，粉丝到点抽奖即可。对于粉丝来说，直播内容的吸引程度或许已经足够，但整点、半点抽奖可以为粉丝提供期待感，且由于损失规避心理，粉丝不愿意离开直播间，这就增加了粉丝的停留时长。

3. 答题抽奖

如果直播气氛不活跃，粉丝在直播间感到无聊，自然就没有停留的欲望了。主播可以随时用竞猜答题活动来活跃直播氛围，增强和粉丝间的趣味互动。竞猜答题的抽奖方式很简单，让粉丝在评论区回答，主播给最先答对的粉丝送出奖品。

二、提升粉丝转化与黏性

（一）提升粉丝转化率

提升粉丝转化与黏性

转化率是指期望行为人数与总人数的比率，而粉丝转化率则是指在总体粉丝中，做出购买行为的粉丝数量与全部粉丝数量的比率。提升粉丝转化率的关键在于如何留存住粉丝，并促使粉丝做出购买决策。

1. 单抽奖

主播可以在直播过程中提前公布奖品，并限定抽奖的条件，例如"只有下单了的粉丝才能参与抽奖，满 300 元可获得两次抽奖机会"。主播通过这种方式引导粉丝下单购买商品并抽奖，最后在下播前公布中奖名单。

2. 饥饿营销

饥饿营销就是将商品限量限时供应，制造出供不应求的感觉，以维护商品形象，并维持商品的较高售价和利润率的营销策略。例如，一款商品有 1 000 件库存，在直播间做"秒杀"活动，直播过程中，随着粉丝的抢购，主播和助理一直在口播剩余的商品数量，为粉丝营造了紧张的购物氛围，制造了"有人在争夺便宜和实惠"的感觉，这会加快粉丝做出购买行为的速度。

3. 发送粉丝券

粉丝券是主播在直播间发放的，仅限粉丝领取的一种定向优惠券。粉丝券本质上是商家优惠券，成本由商家承担，需要商家自行创建，与商家创建的其他优惠券不可同时使用。

粉丝券有助于主播在直播时将直播间的用户转化为粉丝，提升直播间的涨粉能力，并增强粉丝的黏性。由于粉丝在领取粉丝券以后必须在规定时间范围内选购粉丝券可用商品，并符合粉丝券使用条件才可使用该粉丝券，所以粉丝为了不浪费粉丝券，很有可能会前往特定页面购买相应的商品，这就提升了粉丝的购买转化率。

（二）增强粉丝归属感

主播如果能让粉丝产生归属感，粉丝黏性就会得到增强，从而让粉丝长期关注直播间，并自发地帮助主播烘托直播间的气氛和控场。

增强粉丝归属感的方法主要是引导用户加入粉丝团。用户只要关注主播，头像右侧就会出现"加入粉丝团"的提示，并很快变成一个图形标志。粉丝点击加入粉丝团，即可看到粉丝特权。

用户加入主播的粉丝团后，不仅可以在直播间享受粉丝权益，还可以通过粉丝团任务提升自己和主播之间的亲密度。用户加入主播粉丝团的主要目的是得到主播的关注，让自己在直播间有更多的存在感和归属感。加入主播粉丝团的粉丝拥有粉丝团成员的专属粉丝徽章，且在直播间聊天时可以展示特殊的昵称颜色，还可以发送特殊样式的弹幕，拥有特殊的进场特效，这让其更容易获得主播的关注，增加了与主播互动的机会。加入粉丝团的粉丝还可以获得粉丝团专属福利，参与粉丝福利购，以最低的价格买到最合适的商品，而且提出的问题也会被主播优先解答。

另外，很多主播会给自己的粉丝团或长时间看自己直播的人起名字，如"烈儿宝贝"称自己的粉丝为"小火苗"。这种起名字的方式，可以让粉丝产生归属感，从而建立与主播的长期联系。

因为主播在下播之后是没办法看到自己粉丝团的成员的，所以主播一般会创建粉丝群，把粉丝引流到自己的私域流量池，随时随地与粉丝互动，为粉丝提供专属内容，并定期举办线下活动，提升粉丝的黏性。

三、直播售后管理

购买商品以后，抖音直播电商就进入物流和售后阶段。商家可以充分运用后台进行物流管理和售后管理，以提高工作效率。

直播售后管理

1. 物流管理

为了帮助商家定位物流问题，及时跟进和处理，降低消费者咨询和投诉的概率，商家后台在物流模块上线了包裹中心功能。如果已发货的订单中出现物流轨迹异常，商家要及时关注和解决。例如，商家在发货后物流揽收信息没有更新，包裹中心会生成一条"即将揽收超时"的待处理记录，商家要及时联系快递公司在发货后 24 小时之内完成揽收，以免用户投诉。

除此之外，在遇到发运超时、中转超时、签收超时、包裹存在问题等情况时，包裹中心都会向商家提示预警，提醒商家及时联系快递公司处理问题。

2. 售后管理

如果用户想要退款，并发起了退款申请，商家一般要同意退款。如果商家已经实际发货，可以拒绝用户的退款操作，并选择拒绝退款的原因，但只有在填写了发货的物流信息以后才能操作成功。后台会向商家提示所有用户提出的退款申请待处理信息，商家要在 48 小时内进行处理，否则系统会默认商家同意用户的退款申请。

四、直播内容二次传播

对于抖音直播来说，主播不仅可以把直播链接分享到微信、QQ 等站外平台进行二次传播，还可以使用抖音平台上线的直播高光时刻功能，将直播的精彩时刻自动生成短视频并发布到抖音平台上，以吸引更多的用户关注主播。

直播高光时刻功能可以方便主播推广商品，提升短视频对电商直播商家的引流能力。主播开启录屏功能后即可录制直播，录制结束后，系统将根据直播讲解商品时商品的售卖情况、观看人数等，自动生成一系列高光时刻短视频。商家可在直播结束后对这些视频进行编辑、保存、发布，发布后的内容将进入"推荐"频道进行分发。高光时刻短视频在直播后自动生成，快捷方便，无须等待，可以立即编辑发布，节省了短视频制作成本。

五、直播复盘

在直播数据复盘的过程中，主播必须进行数据分析，在回顾直播流程时用数据量化地总结直播表现，然后再制订相应的执行方案并进行测试，以优化直播数据。

以飞瓜数据抖音版为例，抖音直播数据分析的常用指标包括人气数据、带货数据、带货商品数据、流量来源、用户画像、互动数据六大类。下面以某抖音账号的某场直播为例，详细介绍抖音直播数据分析的主要指标。

1. 人气数据

人气数据指标包括观看人次、人数峰值、平均在线人数、本场音浪、新增粉丝数、转粉率、本场点赞数、送礼人数等。其中，转粉率可以根据公式（新增粉丝数÷观看人数）得出，如图4-9所示。

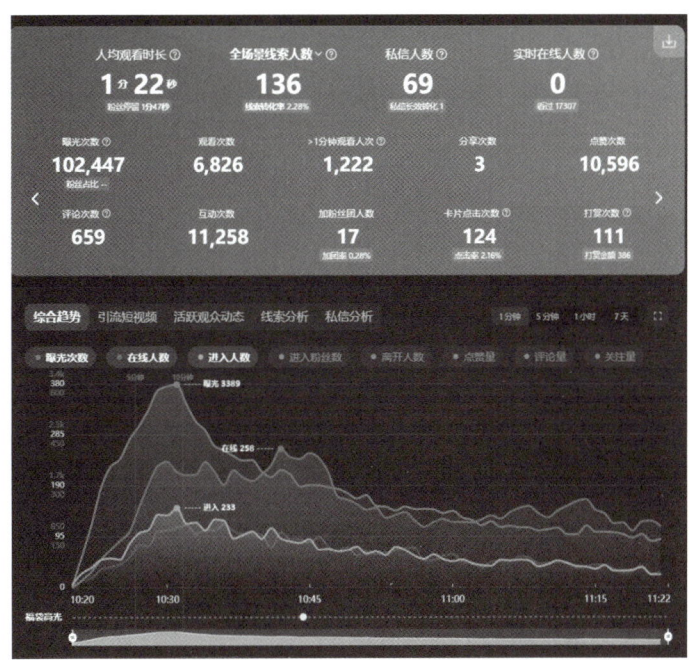

图4-9　直播间人气数据示例

2. 带货数据

带货数据包括本场销售额、上架商品数、本场销量、用户人均价值、客单价、销售转换率、全网销量趋势和全网销售额趋势等。其中，用户人均价值可以根据公式（本场销售额÷观看人数）得出，销售转换率可以由公式（直播销量÷观看人数）得出。图4-10所示为该直播间的带货数据。

3. 带货商品数据

带货商品数据包括正在购买弹幕条数趋势图（正在去购买人数、正在去购买弹幕数）、热销商品品类等。

4. 流量来源

流量来源数据包括用户来源比例图、用户来源趋势图、直播预热视频（视频引流占比、视频引流人数、直播期间作品点赞增量、直播预热视频排名）等。

5. 用户画像

用户画像数据分为直播用户画像和粉丝团用户画像，两者都包括性别分布、年龄分布、地域分布、商品购买需求分布、视频标签喜好分布。图4-11所示为某直播间的用户画像数据。

图 4-10 带货数据示例

图 4-11 用户画像数据示例

6. 互动数据

互动数据不仅包括点赞量、评论量，还包括弹幕词云、弹幕新人分布（首次在该主播的直播间发弹幕的用户，首次发弹幕的用户越多，说明直播间的拉新能力越强）、弹幕商品需求清单、直播间弹幕分析（商品相关的弹幕数量越多，用户的购买意愿越强），如图 4-12 所示。

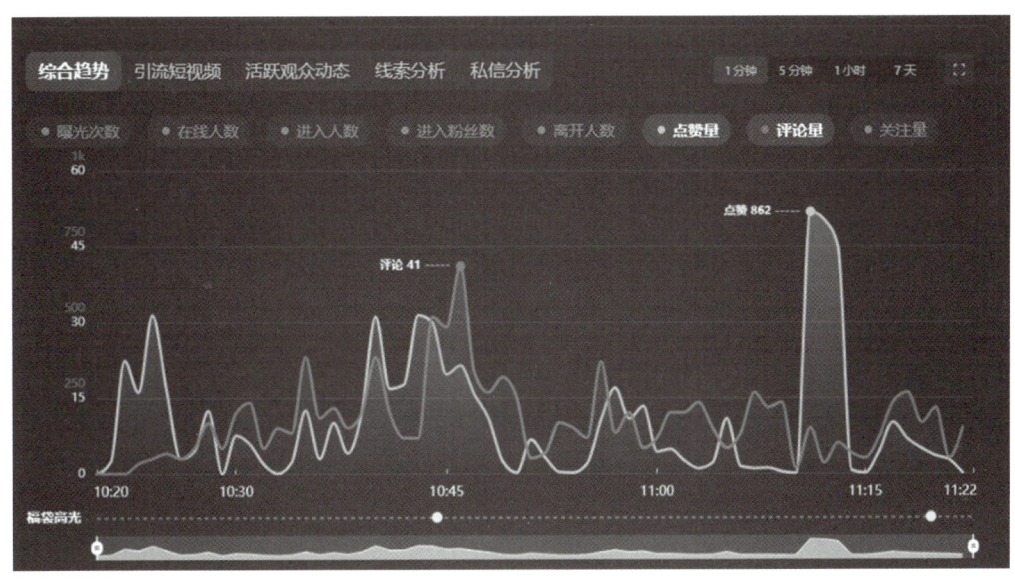

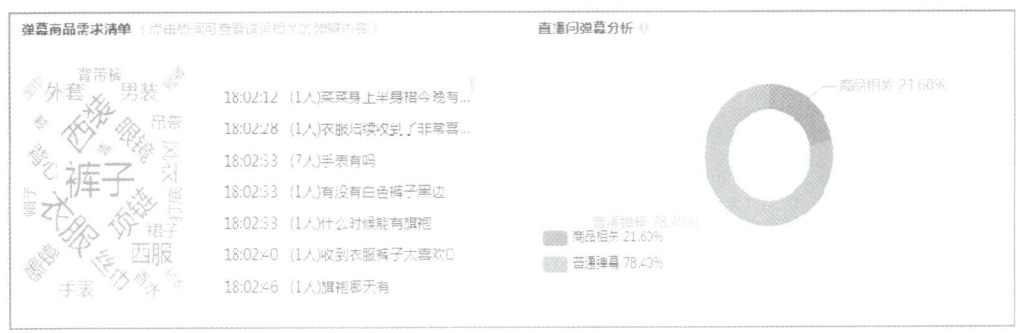

图 4-12　某直播间互动数据示例

项目总结

本项目主要以抖音直播为主要内容，介绍抖音直播开播前的选品、商品结构规划、价格定位等内容，进一步说明在抖音直播平台上的产品上架和讲解技巧，并讲解如何对粉丝进行运维以及抖音直播后期管理。通过引入农特产品及文旅产品等在抖音平台呈现的优秀行业数据，进一步深化该项目内容。

 **实训练习**

一、课后实践

（一）实践目标

（1）熟悉抖音直播平台的特点。

（2）掌握抖音直播平台进行直播带货的具体操作。

（3）掌握在抖音直播平台上开启直播的主要流程。

（二）实践内容

选择抖音直播平台，以贵州农特产品为直播产品，完成开通直播、选品、添加商品、直播间促销等操作。

（1）开通抖音直播，完成实名认证。

（2）添加黄平泥哨为直播商品，为商品设置直播讲解。

（3）直播时，在直播间使用发红包、福利抽奖、互动小游戏等方式，活跃直播间氛围，提升粉丝黏性。

（4）做好直播时粉丝的运营与维护。

二、课后习题

（一）单选题

1. 下列比较适合食品、农产品、生鲜类商品的直播的是（　　）。

　　A. 搭景直播　　　　　　　　　　B. 实体店直播

　　C. 产地直播　　　　　　　　　　D. 海淘现场直播

2. 下列商品类型中，商品转化率一般，但毛利较高的是（　　）。

　　A. 引流款　　　　　　　　　　　B. "秒杀"款

　　C. 利润款　　　　　　　　　　　D. 清仓款

3. 下列不属于临界点促销的是（　　）。

　　A. 极端式促销　　　　　　　　　B. 最低额促销

　　C. 清仓式促销　　　　　　　　　D. 定时折扣促销

4. 专业人设的主播在为商品定价时，价格要以（　　）为主。

　　A. 高客单价　　　　　　　　　　B. 中客单价

　　C. 中低客单价　　　　　　　　　D. 低客单价

5. 下列行为发生在展示日常式直播模式中的是（　　）。

　　A. 现场制作千层饼　　　　　　　B. 举办新品线上品鉴会

　　C. 主播分享和介绍商品　　　　　D. 企业领导正在开会

（二）多选题

1. 下列属于直播种草模式的是（　　）。
   A. 开箱体验　　　　　　　　　　B. 试用测评
   C. 推荐名人同款商品　　　　　　D. KOL 介绍使用体验

2. 下列属于福利型直播标题的有（　　）。
   A. 关注有礼　　　　　　　　　　B. 夏季出街搭配指南
   C. 限时抢购　　　　　　　　　　D. 随机抽奖

3. 在设计直播封面图时，下列操作规范的是（　　）。
   A. 符合直播主题　　　　　　　　B. 色彩构成合理
   C. 使用相同图片　　　　　　　　D. 尺寸大小标准

4. 在上新直播中，商品占比为 30%，保证直播销量的商品类型有（　　）。
   A. 平销款　　　　　　　　　　　B. 引流款
   C. 利润款　　　　　　　　　　　D. "秒杀"款

5. 下列属于优秀的个人 IP 具备的共性特征的有（　　）。
   A. 符合人设　　　　　　　　　　B. 核心突出
   C. 独立个体　　　　　　　　　　D. 价值输出

参考文献

［1］余来文，甄英鹏，苏泽尉，等. 互联网思维：直播带货的运营法则[M]. 北京：企业管理出版社，2021.

［2］杨浩. 直播电商2.0[M]. 北京：机械工业出版社，2020.

［3］彭军，冯子川. 直播电商基础[M]. 2版. 重庆：重庆大学出版社，2022.

［4］张雨雁，应中迪，黄宏，等. 直播电商与案例分析[M]. 北京：人民邮电出版社，2022.

［5］韦亚洲，施颖钰，胡咏雪. 直播电商平台运营[M]. 北京：人民邮电出版社，2021.